경남시인선 245

저문 날의 그리움 한 잔

안한규 제2시집

도서출판 경남

그리움을 안고

그리움이 뭔지 모르고 살아온 긴 세월
조무래기들 졸래졸래
긴 줄 서서 책 보따리 어깨 매고 신주머니 들고
초롱초롱 노래 부르며 초등 길 오가던 모습,
꿈같은 38년의 머슴으로 산 날들
동료들과 퇴근길 나눈 주막의 막걸리 한 잔…

마음 따스한 우정 나누며 걸었던 등산길
친구 만나 수다 떨며 맛집 찾아 나눈 한 끼
무심無心한 세월歲月에 실려 잊고 외롭게 살았네
뒤돌아보니 모두가 그리움이다
옛날 사라진 발자국들 지우지 못하고 가끔씩
외로움을 축이며 스쳐가는 바람결에
아릿한 추억 한가득 안고 저물어 간다

노우풍상老優風霜 어느 하나 아련하지 않은 것 없네
푸석푸석 다가오는 늙어감에
흔들리는 희미한 추억 한 조각 걸치고 서서
습습한 바람결 쓸쓸히 저무는 노을 길
외롭고 긴 기다림을 품고
지금도 나는 그 길을 묵묵히 지킨다

| 차례

제1부   눈빛 미소 이게 사랑이다

꽃과 벌	14
봄 편지	15
풍수지탄風樹之嘆	16
동행	17
예쁜 꽃은	18
교감交感	19
야생화의 생	20
꽃잎의 미소	21
봄날 아침	22
보랏빛 사랑	23
깨를 심으며	24
세월 품은 풀꽃	25
초록빛 삶	26
좋은 날	27
텃밭 인생	28
풀꽃의 삶	29
세월의 강	30
꿈의 미로	31
님 앞에서	32
농부가 쓴 시	33

연애	34
어렴풋이	35
솔—메이트	36
개미에게	37
소중함	38
세련된 촌티	39
자리끼 한 모금	40
순정純情	41
갈대의 몸짓	42
임포 앞바다	43

제2부 세월아 너는 알고 있는가

곰비임비	46
그리움	47
당신 생각에	48
낙화落花	50
수묵화	51
제자리	52
고성 할머니	53
고향 나들이	54
세월의 기도	56
마음	57
문수암 소풍 길	58
계단	59

돈의 본색	60
삶의 덫	61
산중 문답	62
묻고 싶다	63
기다림	64
빈집	65
그 친구가	66
길 위에서	67
주객 인생	68
웃음 부자	69
개구리	70
산수算數	71
시내버스 안에서	72
행복의 온기	73
역경	74
긍정 에너지	75
외로움이란	76
생애生涯	77

제3부 나를 키운 꽃과 바람아

순한 하루	80
엄마의 희생	81
하고 싶은 일	82
그대 생각	83

지금	84
사랑의 감도	85
비 오는 날	86
사랑의 온기	87
당신 생각	88
사랑의 속삭임	89
숙성	90
쓰다 만 편지	91
사랑은 믿음	92
자연의 슬기	93
조화調和	94
예쁜 기억	95
바램	96
꽃 지는 저녁	97
산행의 위무	98
시골 효자	99
인생길	100
울금꽃	101
들꽃이 되어	102
사랑의 논리	103
그냥…	104
공짜는 없애라	105
여광餘光	106
사랑은 은유	107
꿈은 꿀 때가 행복	108

제4부 마음에 군불을 지핀다

무한 사랑 110
겸손한 자세 111
가로등 112
낙엽 113
조약돌 파도 114
겨울 연지에서 115
비를 본 어제 116
삶의 흔적 117
시간의 틈 118
오정자鳴亭子 나무 119
우상偶像 120
풍경風磬 121
먼 당신 122
흠모欽慕 123
추억이란 친구 124
가을 연인 125
빈자리 126
시가 된 그리움들 127
어느 그리움 128
중년다운 멋 129
인생은 여행 130
꿈은 꿀 때가 행복 131
마음의 군불 132
무루無漏 133

가을 안부	134
틈	135
필부의 생	136
갈애渴愛	137
우리 시대의 역설	138
낙엽귀근落葉歸根	140

제5부 인간은 사랑스러운 존재

삶의 무게	142
빗물 여정	143
산촌의 아침	144
낙출허樂出虛	145
지혜와 행복	146
공감	147
오상고절傲霜孤節	148
서른아홉 즈음	149
내면의 눈	150
모든 게 사랑이라오	151
베풂	152
쉼표	153
허한 가슴	154
시골밤의 낭만	155
한 생	156
웰-루킹well-looking	157

성찰省察	158
우분투ubunmtu	159
늙정이의 사랑	160
비움	161
진실한 삶	162
그쯤	163
단상	164
그냥 저냥	165
술기운	166
끄트머리	167
아시타비我是他非	168
안하무인	169
배려	170
씨 뿌리는 사람	171

제6부 바람은 지워질까 날아갈까

삶의 덫	174
적적요요	175
마음으로 바라보기	176
소일	177
잡초	178
세월의 무게	179
지게 자리	180
가을 달밤	181

측은한 몸부림	182
할머니와 헌 유모차	183
부부의 인성	184
끝물	185
부질없는 꿈	186
고독한 남자	187
저변의 함성	188
옛 친구 생각	190
노송	191
석양의 노목老木	192
우정의 등산길	193
유인지향有人之鄕	194
생의 외로움	195
노을	196
생각의 흐름	197
기다림	198
유랑의 바다	199
어울림의 미학	200
노학老鶴	201
행복의 씨앗	202
심오함	203
시밭의 길잡꾼	204

글쓴이의 말 • 205

제1부
눈빛 미소 이게 사랑이다

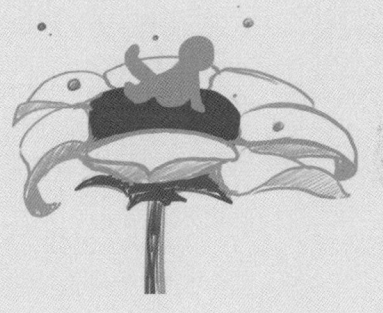

흙 속에 뿌리 드리우고 살다 보면
손톱에 까맣게 때가 낀 날들
나의 생을 물고 있다
아침에 고추밭에 나가 풀을 뽑는다
하얀 꽃이 방긋 웃는데
햇살도 살짝 눈을 맞춰준다
순수한 사랑은 늘 꽃잎에 앉아 있다
멋지고 온화하게 나이 들고 싶어
오늘도 나는 멋진 연애 중이다
마음이 즐거우니 손톱 때쯤 괜찮다

꽃과 벌

그가 내 가슴을 조였다
그의 뜨거운 입김이 느껴졌다
이럴 때 어떻게 하는 건지
순정 소설에서는
여자 주인공이 눈을 감았었다

눈을 감았다
그의 턱수염으로 내 뺨을 쓸어내렸다
난생처음 느껴보는 그의 입술
얼마나 뜨겁고 강렬한지
온몸이 모조리 그의 입속으로
빨려 들어가는 느낌이었다
이게 사랑일까

그래 그는
내게 사랑한다고 눈짓을 보낸다
나는 이보다 더 큰 사랑을
고귀한 사랑을
더는 맛볼 수 없을 것 같다

봄 편지

봄은 힘이 세다
고운 잿빛 털로 덮인 강아지풀처럼
냇가 보송보송한 버들개지 수꽃이
살을 에는 소소리바람에 냉기 밀치고
살포시 머리를 내민다
진전한 봄이 온다는 신호다

인생이 한없이 쓸쓸하게 느껴지고
진득거리는 외로움에 휩싸여
슬퍼지는 황혼에
마음 따라 개울가를 걸어본다

무풍 속 휘늘어진 연둣빛 한 오리로
하늘짝 흔들어 놓은 듯
흐르는 물소리 청아하게 들리니
그대 몸짓 이 세상 봄이 옴을 알리니
평화롭고 고요해 눈부신 초록
그 안의 새 한 마리가 된다

풍수지탄 風樹之嘆

늘 그랬듯
행복하고 싶다

자연 속에 묻혀 초록빛
햇살에 영롱한 이슬방울 맺히니
사랑하는 사람과 할 일이 있고
마음의 평화와 행복의 씨앗을 뿌려
보람이라는 꽃이 활짝 피는 날
산수山水 온자한 멋에 젖어 살으니
백만장자 안 부러운 것을…

이제껏 왜,
모르고 살았을까

동 행

고맙다
나를 키운 꽃과 바람아

고맙다
내 젊은 날 함께한 청춘아

내딛는 발자국들 더 낡지 않으려고
너들 덕분에
그 갈증 내 꿈으로 축이고 가노라

고맙다
당신과 둥둥 어울린 날들아

고맙다
이렇게 웃을 수 있어서…

예쁜 꽃은

시간이 걸린다
햇볕과 바람과 물을 모으며
이웃들과의 사랑을 나누게 한다
서로에게 아름다움을 준다

동의를 받기 위해
억지로 오기을 부리지 않으며
세상에서 가장 소중한 진실을 지녔다
책임 있는 실천이 따르며
순리를 지킨다

만물에 평등하다
빙그레 미소와 향기를 준다
즐거움과 생기로 평화를 나눈다
따라 흥겹게 춤을 춘다

교감 交感

흙 속에 뿌리 드리우고 살다 보면
손톱에 까맣게 때가 낀 날들
나의 생을 물고 있다

아침에 고추밭에 나가 풀을 뽑는다
하얀 꽃이 방긋 웃는데
햇살도 살짝 눈을 맞춰준다
순수한 사랑은 늘 꽃잎에 앉아 있다
예쁨이고 기쁨이길 바라는 마음이기
눈 맞추고 입 맞추고 마음 섞으며
맵싸한 향기를 찾아
열심히 살아가는 모습 사푼 안긴다

멋지고 온화하게 나이 들고 싶어
요즘 멋진 연애 중이다
마음이 즐거우니 손톱 때쯤 괜찮다

야생화의 생

세상에 이름을 날리는 꽃보다
고독을 생의 벗으로 삼고
신념 하나로 생명에 색칠하며
시 쓰는 일에 그는 정열을 기울인다

겹겹이 짜든 잎새들 틈새 발을 놓고
뼈를 깎고 살을 녹여가며
긴 세월 몸을 풀어 푸른 산빛 깨치며
스며든 물길을 끌어당겨
뿌리 박고 생명의 젖을 빨며 산다
빙그레 아름다움을 덧칠하며
향기를 뿌리고 맑음을 내걸어 놓고
분단장하며 소박하게 살아간다

이웃들의 춤사위 간접을 타고
자근자근 가슴 따사롭게 덥혀가며
하루에도 몇 번씩 웃다가 울었다가
곱샘질을 하며 또 씨를 심는다

꽃잎의 미소

살짝 스치는데
나도 모르게 휘청거린다
요정에 취하듯 눈을 맞춘다

숱한 만남과 헤어짐 속에서
소소한 바람 따라 허심하게 웃는다
눈빛과 향기로 오묘한 맛을 안긴다
뜨겁게 달구어진 향기 내뿜으며
자연의 멋스러운 미소로 날 홀린다
사랑이 내 품에 은근 안긴다

진실로 널 사랑하고 있나 봐
너도 나처럼 가슴 떨릴까
아~ 그랬음 좋겠다

봄날 아침

창밖 화분에 곱게 핀 꽃
아침 햇살이 참 따스합니다

우리들 마음에도 빛이 머물듯
좋은 생각들 햇빛으로 자꾸 뿌려주면
고운 마음이 가슴속에 터를 잡게 되겠지
행복의 그릇을 화분처럼 작게 만들면
적은 양으로 가득 채울 수 있겠지
꽃잎 위로 피워 낸 작은 향기들 오손도손
뿌리 끝에서 차오르는 환희로 속삭이니
그 은은한 미소가 너무 멋져요

오도카니 앉은 채
내가 받은 행운의 선물입니다

보랏빛 사랑

얼마쯤 떨어져 살아도
아름다운 길을 함께 걸어가고 싶은
꽃처럼 향기 나는 한 사람이
나에게 있습니다

흐르는 세월 잡을 수 없어
흘러간 세월이 몹시 아쉽긴 하지만
가슴에 멍울져 얼룩이 된 아픈 사랑
저만큼 서 있는 그대의 그리움
질속의 세월 너그럽게 곰삭이듯
노을빛 닮았으면 좋겠습니다

나도 모르게
그리움이 어느 틈 갈대꽃 닮아서
그대 생각만 감아들면
마냥 이 마음 따라 흔들립니다

깨를 심으며

눈알 똑바로 보지 않으면
모르고 지나칠 작은 낱알 한 톨
정성껏 두셋씩 모아 심는다
너도 이 세상 일원임에 틀림없으니
넓은 대지 한켠 너의 공간을 주마

봄 내음 물씬 나는 아침
오! 오! 눈부시다
자연의 빛 초록 싹 웃는 네 모습
너의 눈빛은 사랑스럽고
마음은 넉넉하구나
천지 공간에서 수집해 채워가는
신비의 고소로움 방울방울 모으며
행복을 만들어 가는가

내가 적은 작은 시詩 한 톨도
보드랍고 따스한 바람 앞에 흔들리며
윤슬 같은 미소로 피어나
너처럼 공손히 깨물어주고 싶도록
너를 닮은 꿈을 키운다

세월 품은 풀꽃

당신의 그늘 속에
향기 나는 시간을 행복이라 여기나니
은총과 사랑으로 빚어진 미소
당신 허락 없이도 만지작거리며
몽글몽글 피어나는
또 다른 설렘의 순간을 꿈꾸며 산다

지나간 것은 아름답다 했는가
따뜻한 마음, 순정한 미소
한 송이 연꽃처럼 고고하게 떠 있다

가끔은 보란 듯이
네 어여쁜 꽃 피우기도 했었지
내 조바심을 잡아 끌며 매력을 깐다
당신은 언제나 들꽃 같은 미소
노을에 함북 자줏빛으로 젖은 추억이
내 맘을 수런거리게 한다

초록빛 삶

삶의 무게를 살짝
내려놓으니 보이는 것들이 참 많습니다
보고만 있어도 마음이 부자만 같은
아랫목이 있다는 것도 좋고요

먼저 핀 꽃들이 지고 나면 바로
다음 꽃들이 올라오고
꽃이 피기 시작하니 이 안에 자연이
다 들어 있어 행복하잖아
늘 포근한 기운이 팍팍 차는 느낌이라
마음으로 먼저 충전되고
입안에 넣어보면 하나하나가 맛이 느껴지니
몸보다 마음이 먼저 더 쉼을 얻고
그 쉼으로 인하여
내 영혼이 또 자유를 얻어서 좋으니
자연이 치유제인가 봐요

뭇 생명들이 호사를 누리는 산촌
마당에 향기로운 꽃과 풀들도 넘쳐납니다
누군가의 밥상에 올릴 풀을 베는
내 마음에 꽃이 피었습니다

좋은 날

읍내시장 다녀오며
할멈 품에 안고 온 붕어빵
따땃하니 맛있다

오늘따라
할멈이 연꽃처럼 예쁘다
예쁘다고 하는 영감이 더 곱단다
자글자글한 주름살이 보이지 않을 만큼
환한 미소가 참 아름다운 날
짓는 볼웃음이 야시꾸리하여라

맛있게 먹으며 웃는 훈기로
세상이
온통 꽃향기로다

텃밭 인생

텃밭을 갈아 이랑을 짓고
김장배추 모종을 옮겨 심으려던
영감을 흐뭇하게 바라보던 할멈이

영감,
올해 배추 모종은 건강하네요

맞아요, 제대로 잘 키워줘 좋으네
참 고맙제…

영감은 흥에 겨운 듯 말을 이었다

지난해는 시원찮던 모종과
연이은 태풍을 겪으면서 배추도,
우리들도 참 힘들었지…

위로와 공감의 군불을 피우듯
나누는 대화에 달달함이 묻어나서
올가을 김장은 만땅일 게다

풀꽃의 삶

먹고사는 걱정을 아예 하지 않아도
여유롭고 단순하게 살 수 있어
넘 좋다

매일 허리띠를 졸라매고 살지 않고도
정승 같은 요술 친구는 모른다

산비탈에 소담하게 피어나 오순도순
평화롭게 지내길 바랄 뿐
내 일생 조촐하고 너그럽게 살아간다

단순하고 간편하여 지금을 소중히 여겨
행복해서 만사가 평화다

파아란 하늘 깨끗하고 맑은 눈으로
산천 초목 어울림은 부러움
공존의 경이로움이다

세월의 강

나를 낮추는 겸손은
마음으로 당신을 소중히 여김이라

쫓지 않아도 가는 게 시간이고
밀어내지 않아도 만나지는 게 세월인데
모자란 듯 부족한 듯 살아야
인생이 깊어지는 그래
꽃 같은 인품과 그윽한 향기를 지니고
넉넉한 마음 다독이며 살겠네
더디 간다고 혼낼 사람 없으니 느릿느릿
오순도순 산책하듯 초연히 걸어라

구름 흐르는 사연도 새겨듣고
너그럽게 오목조목 사는 거 아닐까

꿈의 미로

생生의 팔순에 비로소
내 눈이 뜨이는 순간이었다

환칠한 낙서장 품 안으로 사뿐히
가랑잎 하나 굴러든 날
귀뚜라미 울음 카랑하니 날아드는데
마음은 우수에 물들며
가벼운 깃털로 무거운 돌을 굴려가듯
내가 지금 함께 뛰고 있는 것인가
늦은 봄날 꿈을 심고 살던
갱변 콩밭 옥수수 닮은 엄마 냄새
군입거리를 챙긴다

끄적인 습작 가지에
자란자란 초연히 단내 맺힌다

님 앞에서

당신이 웃으시면
그 향기 사푼 끌어안고
따라 웃지요

그래도 웃으시면
아름다운 꽃 한 송이
한발 다가서 웃지요

웃는 날 보고 웃으시면
그땐 아마 목청껏
소리 내어 웃을 거요

농부가 쓰는 시

시가 싹트게 하려니
냄새 지독한 거름을 만들듯
모으고 뒤지고 썩혀야 했다
구시 오물을 퍼지기고
짬짬이 슬쩍슬쩍 뒤져가며
아궁이 재도 섞어보며
곰삭을 때까지 기다린다

맛 좋은 열매를 맺으려니
땅심 높여가며 잡초는 내치고
정성을 쏟아야 했다
미묘한 여운과 울림을 바라지만
더러는 쭉정이도 생기니
나비도 부르고 새도 오라 주고
오돌찬 알맹이만 챙긴다

연 애

바라보는

저 진실한 눈빛 하나
저렇듯
너무 이쁘게 커서
아픈 마음을 소롯이 적시네요
바람의 갈피 올라타
기품 있는 싱그러운 첫 미소는
별을 따다 준 꽃망울
조신하게 안긴 영원한 사랑
껴안은
고독한 보랏빛 벙어리

도라지꽃

어렴풋이

파도가 철썩인다
무심한 바닷물에 잔주름 여울지고
비스듬 기운 바위 등 넓게 펴고
그 안에 안기어
멋스러움에 취해본다

흐르듯 이어지는…

스쳐가는 바람의 소맷자락에 흔들려
조붓한 꿈을 꾼다
잠시 그가 그리워진다
애잔한 맘 저렇게도 슬렁거리나 보다
가슴이 짭짤하다

솔—메이트
—신발

그는 길을 묻지 않는다

따뜻한 햇살이 발등을 꼭꼭 쪼거나
해찰궂은 빗방울이 온몸 때려도
휘청휘청 휜 지주를 바로 붙잡고
서걱이는 굽잇길 코 닦고 눈 부비며
시린 눈밭에 허기진 혀를 내두르며
앞서가는 계절의 뒤를 쫓아서
고분고분 잘도 안내하는 반려자

근력 소진에도 무언의 진중함으로
채우기보다는 비워냄으로
둔감하게 사는 게 그의 생애였으라

먼 길 돌아돌아 미련 없이
임자의 안방도 곁눈질하지 않으며
딴청 피울 줄 모른 채 담담하게
허기진 배꼽 체온도 부어놓고
잔등에 배인 흔건한 진땀 식혀가며
뒹굴려서 선잠을 자면서도
묵언의 기도로 내일을 기약한다

시종 마음만 따라 걷는다

개미에게

"취미가 무엇입니까?" 물었더니
그는 "일입니다"

사는 목적은 일하는 데만 있지 않고
최고로 즐길 수 있는
일과 놀이가 일치하는데 두고 삽니다
실제로 하고 있는 것은 일이지만
마음속으로 놀고 있다는 기분으로 늘
가득 차 이처럼 행복합니다
즐거움은 일을 열심히 하고 있을 때
가장 많이 생겨나거든요

일을 잘하는 것도
일을 일이라고 생각하지 않지요

소중함

무심히 놓쳤을 때
혼자였을 때 헤어졌을 때
돌아설 때,
엉너리 치는 당신의 짓거리

그 순간의 천금 같은 소중함
지혜가 모자라면
눈치라도 있어야지 않은가

곁에 있다 하여
소중함을 느끼지 못했다면
그러게
당신은 아직 어린아이다.

세련된 촌티

검게 탄 얼굴에 번지는 미소처럼
흙 묻은 모습이 더 좋다
부지런히 채마밭 가꾸며 살면서도
세상의 민본이 되려나 꿈꾼다

종종걸음으로 달려왔던 나
텃새로 자란 촌티가 털어지지 않고도
허당이지만 넘어지지 않으려고
견뎌낸 수많은 멍에
바지작대기 하나의 자신감으로 버티며
또박또박 짚고 일어섰지

일생 어지러이 살아온 그대로
내 처지를 지키며 즐기기로 하니
유혹에 살짝살짝 흔들리기도 했지만
지주처럼 중심 잡고 살았다

자리끼 한 모금

인생은 한낱
걸어 다니는 그림자에 불과한 것
바라보는 진실한 눈빛이
아픈 마음을 적시게 하는 거라고

공한 마음 졸이다 보면
집착했으면서 초연한 척 느긋하다
안락을 갈구하면서 당당한 척
실패했으면서 성공한 척
탐했으면서 착한 척하는 거
하찮은 생활에 발이 빠진 이 바보
허허로운 몸 뒤척인다

추운 불면의 밤 상심傷心한 가슴
어느 하나 아련하지 않은 것 없는
구름 같은 내 인생
자리끼 한 모금 축이고 싶다

순정 純情

눈빛 스치다 하나의 점을 찍었다면
그것은
그 순간부터 남이 아니다
가장 포근하고 따뜻한 사랑이 된다

소중하고 예뻐 좋았다면
그 꽃 함부로 꺾지 말라

꺾어가긴 두렵고 놓아두긴 아까워서
이별은 서운함이지만
순박한 마음으로 사랑만 안고 가라
그게 진정 애틋한 아름다움이다

갈대의 몸짓

축축한 발끝으로
조근조근 밟고 서서
초연히 흔들대는 도도한 깃발인 양
미치듯 무언의 함성
무리 지어 외친다

수축한 여린 가슴
너부러진 허허로움
비천한 습지에서 어둠을 밟고 살며
머리를 긁적이다가
밤하늘에 안긴다

임포 앞바다

초등 3, 봄 소풍
걸어서 기어서 학동재 너머로
무량한 푸른 바다 한려수도
짭짤한 물빛 산골 애들 동경의 대상
지친 듯 퍼질러 누운 갯바위 밑
그 소라고동 못 잊네

유난히 아름답던 시간 속의
철부지들 화아한 미소가 그립다

파도 밀린 파래 일렁이며 춤출 때
미끄러지며 뜨던 쪽빛 바다
지금도 그처럼 푸르네
옛 동무들 행여 올까 하여
석양에 바위 걸터앉아 바라본다네

제2부
세월아 너는 알고 있는가

그 어떤 것도 무한하지 않더라 말하지,
중년 이전에 두려워하지 말고
중년 이후에 후회하지 말아야 할지니
바다는 시원始原의 힘으로 넘실거리고
산천은 경계 좋아 유유자적 싱그럽고
인생은 재미있는 코미디 드라마 같아
다시 일어서서 오늘을 살아가리라
해는 빛나고 들은 웃는다
모두 나이와 세월이 주는 선물이지 싶다

곰비임비

농사일은 곰비임비다
밀린 숙제처럼 떠오르는 일과는
세월에 때를 묻힌다

좋아도 버텨야 하고 싫어도 잡아야 하는
진데 무른데 가리지 않는
사포질이다
옷소매를 쥐어짜는 땀방울 무게는
무시로 보내는 세월의 아픈 혈흔으로
맺힌 나를 홀린다
그래도 자연이란 순리 너라도 곁에서
철 따라 사는 재미를 안겨주니
내 삶의 전부로 여겨

가을 마당에 빗자루 몽댕이 들고
춤을 추어도 내겐
소풍 같은 하루하루가 좋다

그리움

간밤에 잠을 설쳤는데
아침에 까치가 와 울어준다
사립문 열고
이쪽저쪽 깨끗이 쓸어본다

밤새 내린 흰 눈 위로
그리워하는 노래를 뿌려야지
들리지 않는 가느다란 목소리로
아름답게 뿌려야지

정작 두 눈에 그리움 있어
까치 소리 그리도 반가웠나
밤새워 눈송이 털고 섰다
볼그레한 달은 내 맘 알아주려나

당신 생각에

1.
밤이 깊었다 사방이 고요하다
나 홀로 깨어
일기를 쓰고 있다

(…)

한가로운 두메
그리 외롭지 않으나
진정 당신이 그리울 뿐이다

2.
어깨가 부딪치지 않으면 길이 아니듯
길은 언제나 아련한 추억을 안고 간다
좀 더 머물다 갔으면 좋겠다

이 순간도…

기쁨도 슬픔도 허청허청
당신 생각으로 옆구리 꾹꾹 결려온다

오버랩되어 침묵한다

3,
도랑물 졸졸거리는 용소들
물소리 들으며
한 포기 보랏빛 제비꽃 되었나

마음은 아직 청춘인데
몸이 말을 안 들으니 어쩔 수 없어
나를 생각해주오
하바리의 외로움 곱게 접고 접어

지난 그날을 되새기며
당신 생각에 묻혀
연서 한 장 도랑물에 띄우노라

낙화 落花

한 줌 봄볕이 하도 예뻐
화들짝 만개해 세상 쥐고 흔들다가
산바람 안겨주는 나비춤 따라 흥얼거렸고
미소로 연신 출렁거리며 이 사랑 몽땅
그대에게 주고 싶었다

지천에 피어나는 무리에 홀려
넋 나간 듯 눈빛 스치는 저 생명들
차곡차곡 내 몸의 푸른 자루 속에 퍼 담아
씨방 구들목에 꼭꼭 묻어두고

온갖 마음 다 깨우는 봄비와
그 생명 키우는 따슨 햇살 부어놓고
별님 잔잔한 자장가로 도담도담 다독이다가
사랑이 여무는 순간
어깨춤 들썩이며 가볍게 내려선다

수묵화

밖의 밝음이
안의 어둠일 때가 있다

슬플 때는 달빛조차
어둠을 더 뚜렷하게 할 뿐이다
자신도 모르게
그 어둠에 기대게 된다
화려한 꽃이 될 필요는 없지만
자기 고유의 꽃이 되면 되는 거다
허상의 나를 진정한 나로
마음의 온기 불어 키우자

내일이 있다고
생각하는 희망이 그렇다

제자리

그럭저럭 잘 자랐다
꿈꾸던 간절한 곳에서 싹을 틔웠고
절박함으로 가슴이 찢어질 때
기적처럼 살아났다

꿈 같은 38년 세월 나름
공복으로 옷 입고 공익에 앞장섰고
자리는 겸손과 사랑으로 지키려 했다
머슴이란 각오로 봉사했고
나의 발자국이 부디 부끄럽지 않길
간절히 기도했다

이젠 감투는 없다 나서지 말자
발자국 누가 되지 않게 조용히 쓸자
모든 것 다 걷고
느긋하고 둔감하게 살기로 하자

고성 할머니

삼복더위 이 긴긴날 경사진 그 밭귀에서
홀로 한려바다 먼 곳 바라본다
어릴 적부터 나는 홀로 늙기를 원했던가
보리 까끄라기 잔뜩 따갑구나
도회지 사는 자식들 다 잘 산다는데
돈 있으면 뭐하나 고성 할머니
삼간집 텅 빈방이 마음 춥긴 더하는데
그리워… 외로워… 서러워…
오늘도 하루 종일 비만 오려나

엄동설한 이 긴긴밤에 웅크렸다 뒤척이다
홀로 두 눈 감고 어릴 적 떠올린다
언제부터 드나들던 문지방 이렇게 높았던가
부르튼 손발이 더욱 시리구나
유학시킨 아들딸 다 잘 산다는데
사람 나면 뭐하나 고성 할머니
외톨이 텅 빈집이 외롭기는 더하는데
그리워… 외로워… 서러워…
오늘도 밤새도록 눈만 오려나

고향 나들이

1.

내게서 걸어 나간 마음이
지금 고향 어귀쯤 다다랐을까
꿈과 사랑 보듬었을까

이미 눈 설어진
문화마을 어귀 헤매다가
오정자 나무 아래 우두커니 혼자
서 있지나 않은지

아무도 마중 나오지 않은 길
나뭇잎 떨어져
스륵스륵 굴러가면 쓸쓸하겠다

2.

잎새마다 부모님 적 꿈을 새겨놓은
한적한 뒷골목
투명한 빛깔로 쌓아 놓은 그
심심한 돌담장 틈새 낀 이끼 너는
무진 곱구나

오정자나무 둥치에 얼굴 묻고 서서
희미한 그림자 끌어안는 모습에
척번정 문화마을 낯선 사람들
설핏설핏 길-냥이 눈빛 스치겠다

웃담 연지 둑길 한 바퀴 돌아보며
그리운 이웃들 풍기던 냄새를 맡고
차에 오르려다 기억의 옛 어른들
안녕들 하시라고
고개 숙여 인사하고 되돌아선다

세월의 기도

세월아 너는 먼저 가라
나 아직은 할 일들이 많으니

어차피 이 세상 야트막한 산자락
촌막 세 들어 살아가는 운명인 거
고통은 말하자면 월세 같은 것인데
감당할 수 있을 만큼 땀 흘린다는 거
그만으로도 삶의 의미는 충분하단다
사푼사푼 외롭게 걸었으나
지나간 시간을 끌고 와서 보노니
온 세상 쓰다듬듯 살아온 것만으로도
이제껏 큰 빚진 것 없이 살았으니
다 고맙고 감사할 뿐이지
뒷모습도 더 아름다웠으면 좋겠다

스스로 감당할 수 없을 때
그대의 명을 따르리라

마 음

마음, 마음 마음이여
참으로 알 수 없는 물건이네

너그러울 때는 온 세상을 다 받들다가도
한번 옹색해지면
바늘 하나 꽂을 자리 없구나

그대들이여,
넉넉한 마음으로 세상을 관찰하라
옹졸한 마음으로 세상을 보니
사방팔방 모두가 지옥일세

때 없는 마음으로 세상을 보는 이에겐
동서남북 사방이 그대로
정토淨土가 아니런가

문수암 소풍 길

초등 적 가을 소풍
도시락 어깨에 메고 줄지어
버드나무 가로수 그늘 황톳길 따라
자갈밭 졸래졸래 걸었지

무선마을 뒷골 너럭바위 쉬었다가
계곡 물줄기 산빛 따라 자드락길
산단풍 곱게 물든 기쁨의 혈기
들숨 날숨 기어올라
문수암 법당 바라보고 서서
맘속으로 빌었던 그 청운의 꿈
무이산 먼당 솔개 한 마리 업고 노네

세월아 네월아
조무래기 시절의 동무들아,
말없이 사랑하는 것이 세상에 있지
꽃 중의 꽃 그대….

계 단

모든 삶은 순서를 밟아야 한다
한 발씩 디뎌야만 다음 단계로 오를 수 있다
두세 개를 성큼 건너뛰기란 힘들지
내려갈 때도 마찬가지다
삶에서 계단의 법칙이 유효하다

인간의 욕망에 비유되곤 하는 계단이
피라미드 형태의 먹이사슬로
높은 곳에 오른 통치자는 아래를 깔보았고
반면 아래에선
그들을 하늘같이 우러러보아야만 했다

이렇듯 세상은 온통 계단이다
낮은 곳과 높은 곳을 잇는 사다리이듯
인간에겐 외출이 삶이라
계단을 이용하지 않고 하루를 보내기 어렵다
사다리는 꿈에 오르는 우상偶像이다

돈의 본색

노출과 추적을 가장 싫어한다
그래서 잘 숨는데 도사다
불확실성을 못 참는다
뻔히 보고 알면서
손해 입는 것을 심히 경멸한다

부富와 빈貧을 만지작거리면서
가까이도 멀리도
어디까지 함께할 믿음이 적다

겉과 속이 다르다
불안함과 어리석음과 유치함이
묘하게 어우러진 본성에서
무게와 가치
금쪽같은 마음을 헷갈리게 한다

삶의 뒷

내 맘 안으로 곰삭아 정이 든 곳
그 온기 보듬고 산다

닳고 닳은 야트막한 언덕
나긋나긋 해묵은 빛바랜 초막
성긴 울타리 에두른 한 뼘의 묵정밭
해거름 드리운 줄 모르게
서둘지 않고 묵묵히 비치는 무욕의 심성
소외된 노파의 풋풋한 냄새와
파선이 되어 눈물 지분지분 스미어
공연스레 외로움을 더하게 하는 침묵
여여함을 깨물고 사는 촌로

세월의 주름살 따라 가슴속까지
배어든 삶의 멍자국들….

산중 문답

산은 나를 들이마신다
내뱉는 건 땀이다

흙이 부풀고 바람은 바쁜데
바위는 눌러 앉힌다

숲은 그늘을 내어 준다
받는 값은 피로다

능선은 우리를 품어 안는다
내 뿌리침은 만사다

산전수전 다 겪고 살면서도
표정은 늘 싱그럽다

묻고 싶다

한숨은
기체라 공기로 날아가고

눈물은
액체라 바다로 흘러가는데

기체도 액체도 아닌 그대여
네 삶의 작은 불꽃 그립다

애틋한
내 사랑은 어디로 갔는지

묻고 싶다
세월아 너는 알고 있는가

기다림

숭충사 뜰 앞
바윗돌 걸터앉아
바다를 보오

이름 모를 고기 흐르고
있지도 않은
그 님이 넘 그립소

행여 뉘라도 성큼
오신다면
기쁜 듯 반길 거요

빈 집

어둠 한 겹 지고 선 채
배가 고프겠다

허리 꺾여
마디마디 삭아가는 시린 몰골
시간의 검불처럼 둥실 떠서
세월 수탈의 멍에를 짊어진 채
이끼 낀 가슴

네 뒷모습 보고 선 내가
너무 아프다

그 친구가

손끝으로 송홧가루 훔치며
아~ 정말 시골이 좋다 하며
어머니 손수 걸러주시던 막걸리 한 잔
짭짤이 먹고 싶단다

보릿고개 못 넘기고 그 얼마나 애태우던
아~ 보리밥 위에 쌀 한 줌
참 어려워했을 적 정성껏 떠 주신
그 밥 먹고 싶단다

따뜻한 봄날 어머니 손수 담근
간장 종지에 깨소금 찧어 넣고
참기름 한 방울 떨어뜨려 시금치 파나물
비벼 먹고 싶단다

친구 나이 어언 팔순 넘었는데
아~ 정말 고향이 좋다시며
어릴 적 어려웠던 그 시절 되돌아보니
그때가 정말 그립다 한다

길 위에서

삶은 웃음과 눈물의 코바늘로
행복의 씨실과 불행의 날실을 꿰는
것과 같다
서로 사랑으로 엮어가며
서로 미워하고 싸우면서 살아간다

슬프고 우울해도
그래도 세상은 살 만한 곳이라는
확신이 담겨 있어 못 버리고 버틴다
부대끼며 걷는 길에서
행복은 늘 놓쳐버린 시간 버스마냥
아쉽기만 한 것일까

씨실 날실의 스침에 침을 묻히며
온기 있는 말로
만남에서 호의로 마음을 나누는 길
우리는 그 길 위에서 손잡고 걷고
길 위에서 순간 어울려 산다

주객 인생

인생은 주객酒客이요
세상은 주막酒幕인 거

올 때 마실 잔 들고
오는 사람 없고
마음 비우듯 잔 속에 조잔부리로
투정도 흥취도 섞어 가며 살다가
갈 때 마셨던 잔 들고
가는 사람 없지

이처럼 우리는
너나없이 빈손으로
잠시 주막에 들러
요기療飢하고 가는 거

웃음 부자

햇살 좋은 날
멋과 풍류로 평화롭다

땅을 보고 웃었는데
할 일이 있었고
사람을 보고 웃었는데
친구가 생겼고
하늘을 보고 웃었는데
꽃비가 내리고
초록을 보고 웃었는데
열매가 열리고
가족을 보고 웃었는데
행복이 쌓이네

한없이 한없이 웃어도
돈도 한 푼 안 드네

개구리

비가 그치는 나절
물 잡은 논꼬에서 개구리
울음소리
사방에서 들려오니

봄날 해질녘
개구리 저녁제 올리며
표랑하는 그 울음
구슬퍼라

밭매던 마누라
흙 묻은 손 털고 일어서며
집으로 들어가잔다
저문 시라고…

산수 算數

근심은 뺄셈 행복은 덧셈
돈은 곱셈 웃음은 나눗셈

얼굴에 주름을 지우니
우수 상품이 되고
미소를 더하니 명품이 되리
응원하고 베풀 줄 아는
마음은 사랑

행복해서 웃는 게 아니라
웃으면 행복해지는 셈

시내버스 안에서

휴대폰을 보고 있는 영감 손등에
살포시 손을 얹으며 말했다

"옆 사람이 싫어해요, 끄시죠."

"당신 말 들을게요"
포켓에서 얼른 이어폰을 꺼내 귀에 꽂는다

할멈 귀에는
"여전히 당신을 사랑하오"라는
문장으로 들려 자못 따뜻하다

흔히 말한다
상대가 원하는 걸 해주는 것이 사랑이라고
하지만 그건 작은 사랑인지도 모른다
상대가 싫어하는 걸
하지 않는 것이야말로 큰 사랑이 아닐까

행복의 온기

그대를 위하여 진심을 다해
저녁 식탁을 준비해 놓고
기다려주는
여성이 어디엔가 있다면 복이다

세상 움켜쥔 듯 고맙고 소중하다
애착일까 집념일까
온전히 마음을 지지해 주고 보듬어주는
늘그막 풍경 속에 깃든 사랑의 온기에
남은 인생 잘 가꾸어 가고 싶다
이처럼 달달한
그대의 멋진 어깨가 넘 부럽다

그대는 열정 가득한 존경심을 담아
사랑하는
그녀에게 몽땅 바쳐도
아까울 것 전혀 없으리라

역 경

고통은
혼자서 외롭게 피어야 하는
힘겨운 일이지만

아픔도 세월
흔들리며 사는 것이 인생이다
빛과 물이 지켜준 사랑에
가슴이 뜨거웠다면

그대는 짠맛을 안다
무수히 많은 수풀 속에서도
아니 핀 꽃 있으랴

긍정 에너지

오늘 그리고 내일
우리는
어려움에 직면할 수 있다

그 어떤 것도 무한하지 않더라 말하지
중년 이전에 두려워하지 말고
중년 이후에 후회하지 말아야 할지니
바다는 시원始原의 힘으로 넘실거리고
산천은 경계 좋아 유유자적 싱그럽고
인생은 재밌고 로맨틱 코미디 드라마라
다시 일어서서 오늘을 살아가리라

인생을 긍정적으로
잘 살자
우리에겐 꿈이 있으니까

외로움이란

가을비 때문이 아니다

흙먼지로 이랑 파인 촌부의 모습 따라
흐르는 냇물 소리 숲속의 새소리
옥수수밭을 지나는 바람소리
안방까지 들어와 울어대는 풀벌레 소리
그대가 보고 싶어도 등 돌려 참는 거
누군가 한없이 그리워지는 이유는
강나루 젖어가는 노을 흔적에
갈숲 서걱이는 핏대를 세우듯 나서서
속으로 산정 오른 늑대로 우는 거란다

그리고,
그 마음 문득문득 생각날 때…

그것이 외로움이다

생애 生涯

가진 것 하나 없이도
내가 태어날 때 난 울었을 거고
너들은 기뻐 웃었겠지

내일이 있다고 생각하는 마음이여
탄생은 빈부귀천의 풀밭에 던져진 잡초다
생애의 짐을 빼곡히 다 적은 숙제장을
불쑥 미리 내밀었다면 순간 숨이 막혔을 것
사는 동안 보다 잘게 나눠 준
하루하루가 있어 너무 고마웠다
내 인생 부유하지도 유연하지도 못했지만
몸과 마음이 그에 닿을 수 없어 힘겨워도
삶에 주어진 그 토막토막의 작은 쉼표들
무엇이 이보다 더 고마웠을까

내가 죽을 때
하나 가져가는 것 없는 나는 웃을 거고
그때 아마 세상은 울어줄까

제3부
나를 키운 꽃과 바람아

사랑과 믿음을 묻혀 두었으니
그 마음의 손으로 주무르고 있노라면
마치 님의 온기가
들녘 불어오는 한 줌 훈풍 같아서
다감하고 고운 사랑을 느낄 수 있어
달콤한 온기를 퍼담아 놓은 쌈지처럼
마음이 푸근하고 따뜻하다
눈빛이 모여서 꽃망울을 터뜨리니까
덩달아 온몸도 후끈거려지곤 한다

순한 하루

아침 기도로
하루를 엽니다

한 사람의 착한 흔적은 우리들 마음의 밭이다
오래된 누군가의 한 그루 나무를 심은 덕에
깨끗한 숨결을 들이마실 수 있고
달콤하고 친근한 향기를 주는 사랑으로 하여
따뜻한 쉼을 갖게 되며
겸손하고 정의로운 길을 걷는 자의 모습에서
행복한 삶을 느끼고 살기에
주고받으며 환하게 웃을 때 평화가 왔으니
이만하면 그래도 잘 살은 거다 생각이 들어서

저녁 기도로
하루를 닫습니다

엄마의 희생

젖을 주는 엄마는
지극히 행복한 세상을 살고 있다

언제든지 너에겐 내가 붙어 있다
졸리는 눈을 비비고
밤중에 일어나
아기에게 젖을 주는 엄마의 희생
세상에 필요한 정신이다

이것을 시시하다고 생각하는 자는
마음을 모르는 사람이다

하고 싶은 일

영혼이 드나드는 입술로
입맞춤하고 싶다

영혼이 자라는 가슴으로
안아주고 싶고

영혼이 바라는 사랑이라며
불나게 달려가고 싶고

영혼이 잠드는 창살로
그대를 가둬 두고 싶어라

내 영혼에 비친 별뉘
이렇게 많은 줄 미처 몰랐다

그대 생각

두근대는 마음
온통 그대 향하여 뛰고 있다
그대를 기다리다
꿈을 꾸던 날 많았다

네 앞에선 언제나 무심한 척하고
만날 땐 모르는 척 그냥 스칠 때
그 순간 나는
애잔한 눈빛으로 조신히 흔들리며
은근히 한참을 멍때리고 섰다

혹여, 예전 같잖아
지금은 좋아하는 마음 없냐?
묻고 싶어
저만치 가다 돌아본다

지금

후고의 염려는 말라
인생은 현재다

사랑도 현재,
효성도 현재 가족도 현재
미소도 현재…

그러기 때문에,

오늘 현재가 즐거우면
다 행복한 것이다

사랑의 감도

팔을 선뜻 내어 준다는 건
정신적 사랑이다
팔베개를 허한다는 것은
사랑의 극치다

무릎을 내어 준다는 것은
육체적 사랑이다
사랑은 환상의 빛인가 보다

폭신한 여자의 무릎과
딱딱한 남자의 팔로
가장 잠 못 들게 하는 것은
사랑의 베개다

비 오는 날

저만치
아버지와 어린 아들이 우산을 맞잡고
빗속을 걸어간다
빗줄기는 갈수록 굵어지고
우산은 아들 쪽으로 가져간다

아빠 옷 젖어,
아냐…

세상 풍파가 셀수록
조금씩 조금씩 어쩔 수 없이
아버지의 한쪽 어깨가 흠뻑 젖어간다
축축한 옷은 납처럼 무거워진다
그런 사이
아버지는 우산 밖으로 밀려난다

사랑의 온기

주머니 난로 하나 품고 있다고 해서
세찬 겨울바람 속에서
몸 전체가 따뜻해질 리 없지만

사랑과 믿음을 묻혀 두었으니
그 마음의 손으로 주무르고 있노라면
마치 님의 온기가
들녘 불어오는 한 줌 봄바람 같아서
다감하고 고운 사랑을 느낄 수 있어
달콤한 추억을 퍼담아 놓은 쌈지처럼
마음이 푸근하고 따뜻하다
덩달아 온몸도 후끈거리곤 한다

살아보니 알게 된다
저마다 주머니 난로 같은
사랑 한둘쯤 가지고 살면 행복이다

당신 생각

당신과 나와 부딪힌 값으로
그대의 마음속 꽃 같은 인품과 눈빛
오늘 이것만 고이 받아 가겠다
이후 어디 계시든
당신은 내 안에 늘 계신다

어떤 칭찬도 보상도 요구하지 않으마
사랑이 있고 신비가 있고
사랑엔 오묘하고 깊은 힘이 있기에
내 맘속에 꽃처럼 피워 호사 누린다
생각하니 이게 사랑이 맞다

당신의 청순한 모습
아름다운 눈빛의 미소와 포근한 숨소리
나의 가슴속에 화살로 깊이 꽂혔다
자금자금 물을 주마
아름답게 키워 꽃 피워 살리라

사랑의 속삭임

오솔길에 예쁜 꽃들이 곱게 피어
모두의 사랑도 안고 있구나
순수하고 조용한 사랑은 늘 꽃잎에 얹혀
바람에 홀가분히 흔들리며 춤추고 있어
얼마나 좋은가
이렇듯 고운 꽃잎을 만날 수 있으니

나는 그대 향해 푸시시 웃는다
어설펐던 추억이 옆구릴 쿡 찌른다
흐르는 시간 위에 옮겨놓은 기억들에
따스한 시선을 꽂는 것이다

지저귀는 새소리 들으며
옆자리에 가만히 앉아 바라본 너의 눈빛
마음 시리지 않은 그리움의 향기로다
이것이 사랑이기 때문이라
당신의 미소 위에
애착을 버무려 귀에 대고 속삭인다

숙 성

지독한 고난에도
아무렇지 않게 참고 견딜 수 있는
얼굴 가득 머금은 은근한 미소가
아름답고 멋지다

허공의 구멍 안으로
시시각각 변하는 구름 같은 내 인생
땀 냄새 밴 심신으로도
추슬렀던 마음을 슬그머니 풀어헤치듯
자신의 온몸을 불태우는 단풍잎처럼
투정 없이 받아들이는 예쁜 마음

잔잔한 흥분으로 보채듯
홍시처럼 내가 내 안에서 무르도록
너그럽게 새들과 웃고 노래하며
익었으면 좋겠다

쓰다 만 편지

그대에게
할 말은 많지만 졸립다
그대에게 전하고픈 느낌은 많지만
눈이 무겁다

외로움이 전신을 훑고 지날 때
때로는
그대에 대한 그리움보다
졸릴 때가 있다

진득한 연정 뜨겁게 보듬어 안고
그만 자야겠다

사랑은 믿음

저 바위처럼
믿음으로 기다리는 거

침묵으로 꾹 누르고도
자신을 아파하지 않는다는 거
바위틈 끼인 뜨겁고 애타는 사랑
엎드려 꿈이라도 꾸고 사는 거
흔들림 없이 지키고 선 그 자리가
스스로 세월이 되는 거
그러다 그
기다림마저 사랑하게 되는 거

그것이 진정으로
아름다운 사랑이라는 거

자연의 슬기

숲이 아름다운 이유는
슬퍼도 상처받아도 서로를 위로하고
사랑하며 몸 부비고 살아가면서
화합할 줄 알기 때문이다

산천이 저토록 풍요롭고 질긴 이유는
높은 곳 낮은 곳 가리지 않고
고요히 서로 품어 조화를 이루나니
겹겹이 포개진 산줄기마다
굳건히 지켜내는 용기가 있기 때문
저마다 고고하고 우아한 존재로
오색 단풍 자랑하듯 늘어서 있지 않나

저잣거리에서 껄떡거리는 삶의 경쟁 속
내 영혼도 거기 가닿을 수 있기를
깊이만큼 넓이만큼 그 높이만큼
조용히 사랑할 수 있기를….

조화 調和

친절의 씨앗을 뿌리는 자는
사철 내내 수확을 거둔다

무심한 것처럼 사는 게
잘 사는 것처럼 느껴지겠지만
저 호수도 나지막한 산길 따라
굽이굽이 곡절로 흘러왔으니
틈틈이 배어들어 친절히 보듬으며
안개로 아련히 품어 운치를 더하니
바람 일어 물결에 송사리 노닐고
산토끼 입 맞출 때
햇살 비추니 호수 살짝 웃는다

혼자서 빛나는 별은 없다
저 혼자 고운 꽃도 없다

예쁜 기억

당신의 안부가 묻고 싶은 날
다시 한번 커피 물을 올려놓으니
잔잔한 추억과 애틋한 눈빛이 서려
은은한 멋이 우러난다

너무 마음 아파하지 말자
바람처럼 떠나간 당신 넘 따뜻했다
눈 감으면 사랑을 느낄 수 있어
그대 깊은 가슴속 내 맘 집어넣고픈
진정 사랑하는 사람아
찻잔처럼 따뜻하여 더욱 달콤한 추억
안개처럼 아른아른 떠오른다
나는 지금 그대가 너무 그립다

빛바랜 골목의 미로이듯
빈티지한 세월도 봄눈처럼 녹겠지
나 후회 없이 기억하리라

바 램

설렘으로 이내 달려가던 그곳에
다시 간다면
아직도 기다리고 있을까

내 가슴속 깊이 키워온 꽃
후후 입김 불어 창에 두고 간
잔줄잔줄 피어나던 입가 그 웃음
농염한 애린이 묻은 꽃송이였으니
은은한 향기와 무척 닮아서
바람 따라 슬쩍 떠났을라

보고 싶고 소중한 나의 사랑아
가슴 깊숙이 피어서
아름다운 추억으로 남아주라

꽃 지는 저녁

꽃이 진다고 해서 아예 다 지나
꽃이 진다고 전화도 없나
그 흔한 카톡마져 두드리지 않는
네가 얄밉다

꽃이 져도 나는 너를 잊은 적 없다
지는 꽃의 마음을 아는 이가
꽃 진다고 저만 외롭나
나는 남아서 낙원을 품고 살다가
잔잔한 눈매의 너로 지고 싶은 거다

차라리 비라도 내려주라
꽃이 져도 나는 너를 잊어본 적 없다
아마 그게 사랑인지도 모르겠다
꽃 지는 저녁에는 배도 고파라

산행의 위무

어느 쓸쓸한 날
혼자 배낭을 메고 산길을 걷다가 길가에
나선 상수리나무에게 눈빛을 보낸다
가지 끝 잎들 가볍게 손뼉 쳐 반기네
발아래 뿌리가 사뿐 흙먼지를 툭 턴다
그게 무슨 뜻인지 내가 알게 되는 순간
다가서서 두 팔 벌려 끌어안는다

외로웠던 가슴에 사포질하듯 쓸어주며
네 맘 다 안다는 듯 등 두드려주는 위로
아~ 이것이 너를 만난 기쁨이고
가장 멋진 포옹이로구나
삶의 조미료, 오 오! 행복이로다

이 세상 살아보니 이젠 다 말할 수 있다
걷는 길 흥미롭지 않은 것이 없고
경이롭지 않은 삶이 없구나
이 한순간 놓치지 않고 사랑하리라

시골 효자

꺼이꺼이 마른 울음에
마음이 허공인 내 귀를 텅 울린다
누구나 슬하로 살아간다
사랑도 받았고
보람도 있었고 명예도 있었는데
무슨 후회 있으련가 싶은데

난, 세상에 때만 묻히고 가나
내리사랑 슬하 일순 瞬 치사랑
낮아도 더 높고 깊다는 거,

초등 나온 그는 함께 사는
늙은 엄마께 해드리는 거라곤
흙길 다녔으니 발을 씻어드리는 거
엄마 하자는 대로 하는 거
뚜벅뚜벅 마음 편히 따라 사는 거
그게 다라고 말하네

인생길

외롭지 말라고 사랑하는 사람을
보내 주셨습니다
쓸쓸하지 말라고 꽃다운 친구로
맺어주셨습니다
인생살이 춥지 말라고 가족이란
이불을 덮어 주셨습니다

사랑은 다른 사랑으로 인하여
따뜻해지게 심장을 데우고 삽니다

웃음은 평생 먹는 약이고
사랑은 가장 훌륭한 피로회복제
믿음은 수시로 들이마시는
산소라 하지요
믿음 안에서 따뜻하게 사랑하며
많이 많이 웃는 게 보약입니다

울금꽃

아침에 밭에 풀을 뽑는데
하얀 꽃을 처음 보았습니다
넓은 잎 속에 다소곳 숨어 앉아
바깥세상 내다보는 눈빛 곱네요

가을 햇살이 눈을 살짝 맞춥니다
누군가를 위해
땅속줄기를 황금 가루로 키우며
살아가고 있는 깊은 속내
위안과 행복을 느끼며 떠올리니
고맙고 참 아름답습니다

당신도 나도 이처럼 늘
함께 행복해졌으면 좋겠습니다
아주 더 많이
행복해졌으면 좋겠습니다

들꽃이 되어

한 발도 내딛지 못한 자존의 일생
홀가분하다는 말
다 주고도 더 줄 수 없다는 호의

초연한 척
아무 일 없는 척
당당한 척…

샘물이듯 계정* 부리지 않으면서
망각의 피안에 묻어 둔 지난 시절
구부러진 허리로도
흐트러짐 없는 수수한 삶의 자세로
초월함에서 오는 여유
야성의
질기고도 아픈
인내가 응결된 사랑 아닌가 싶다

＊계정: 불평을 담아 떠드는 말과 행동.

사랑의 논리

안 보면 점점 멀어진다는데
내가 내게 묻는다
너도 그럴 수 있냐고,

그래 나도 그럴 수 있다
나도 나에게 마음을 건넨다
네가 내게 마음을 보여주었듯이
사랑하는 님과 함께할 수 있다면
흙내와 노을과 바람 나무들과도
만나 평안을 누릴 수 있다

다들 그러더라 사랑이란
만남은 알사탕이요
동행은 고소한 행복이라고…

그 냥

원인은 있지만
그 원인이 아주 불분명할 때
아무 목적 없이
정확한 까닭도 없이
불쑥 나온 순수함이 묻은 말

나 좋아? 그래 좋아!
왜? 그냥~

유유자적 허물 없고 단순하고
따뜻하게 졸졸 흐르는 말
사람과 사람 사이를 잇는 정情
향기로운 다리,

"그냥"이라는 그 말…

공짜를 없애라

적정한 요금을 매겨야 수요를
조절할 수 있고,
가격 기능이 작동해야 낭비를
줄일 수 있다

공짜니까 그냥 덥썩 올라탄다
그냥 주니가 받아 쓴다

공짜가 일상이 되면 자신의
즐거움도 고마움도
줄어들게 마련이다
삶에도 간이 맞아야 제맛 난다

여광餘光

낡은 작업복 바꿀까 말까
낡았다는 건 그냥
미안하고 고맙다

땀 냄새 흙 냄새가
깊어가는 의미에 값하니
늙음에 익숙한 촌로의 어깨가
모난 데 없이 따뜻하니
날마다 익어간다

외롭지만 평화로운 소일거리
소통과 집중의 땀방울
마디진 밉상 참 곱다

사랑은 은유

사랑이란 감정은
은유와 너무 많이 닮았다

눈빛, 손짓, 말 한마디의 암시로 가득찬
사랑은 유희의 하나다
외로움에 사무치면 자신의 그림자도
부둥켜안고 살아가야 하는 존재
종종 가슴에 손을 얹고 스스로 물어본다
그냥 걷자는 말의 무게는 생각보다 무겁고
표현의 온도는 자못 따뜻하다
은유를 모르고 사랑을 담아두기만 하면
버티다가 허위허위 떠나가리라
사랑은 꽃의 미소요 별빛 같은 그리움이다

사랑은 종종 뒤에서 걷는다
그게 바로, 삶이 아닌가

꿈은 꿀 때가 행복

안개 낀 산길을 홀로 걸어가노라면
내 탐심의 바램이
우연히 마주쳐 주길 바라
가끔 바람 부는 쪽으로 눈을 돌린다

내 마음의 기척을 들어 주려나
돌아가는 세월의 긴 모퉁이
저무는 황혼의 비탈길 멀고 춥지만
눈을 감으니 그 자리에
한 송이 산국이
외진 내 마음 알아보고 방긋 웃는다

예나 다름없는 화창한 너의 모습에
와락 안기면 눈물이 날 것 같은데
호젓한 산속 나 홀로
먼 그 기억의 순간을 회억하고 섰다

제4부

마음에 군불을 지핀다

추억은 게을러서 가장 더디 늙는다
그 순간순간을 기억해 내어
나를 그 시절로 소환하는 것이다
그들도 나를 못 놓듯
안고 사는 해맑은 옛 친구들
그 옛적 순간을 다시 느끼는 것은
정말 돈 주고 살 수 없는
고요의 기쁨이다
추억은 가끔씩 가다가 뒤돌아본다

무한 사랑

곱게 입맞춤하니
거침없이 따뜻함이 감겨든다

동그라미 그 동그라미 물무늬
찻잔에 둥근달이 뜨니 별빛 쏟아진다
예쁘다 고상하다 그리고 침착하다
쪼르르 찻물 소리
사랑의 향기를 품고 다가선다
소슬한 미소에서 아름다움이 피어올라
바람마저 숨죽인 고즈넉한 밤
스며드는 촉촉함을 설레는 가슴에 묻혀
추억 봉지를 뜯고 부어 젓는 숨소리로
조각낸 생각들은 찻잔을 데운다

말랑해진 내 가슴조차
왜 당신 향기로 진하게 젖는가

겸손한 자세

나무가 반갑게 인사한다고 해서
자기를 훌륭하게
여기기 때문이라고 생각해선 안 된다

바위가 자기의 말에 참으며
반대하지 않고 그대로 받아준다고 해서
자기를 존경하기 때문이라고
생각해서도 안 된다
과일나무가 은혜를 베풀어주는 것을
자기를 사랑하기 때문이라고 생각
해서는 안 된다
동구 밖 당산나무가 겸손해하는 것을
자기에게 경의를 표하기 때문이라고
생각해서도 안 된다

세속에 더불어 살아도 건들대지 마라
순정한 사랑은
반드시 네 마음에 있다는 뜻이다

가로등

저들의 세상은 참 밝고 명랑하다
아름다운 세상을 만나
겸손하고 남을 존중하는 배려가 엿보인다
자신과 남을 차별 없이 사랑하는 세상
적은 것에 만족하듯 다툼이 없는
평화로움이 살랑살랑 부는 바람결에 얹혀
어찌나 여유롭고 우아한지 부럽다

욕심을 적게 하고도 만족함을 아는가
많이 가졌어도 더 많이 가지기를 원한다면
항상 부족할 터인데
적게 가졌더라도 만족할 줄 아는 저들
부족한 것이 없어 보여 좋다
가장 순한 눈빛으로 딛고선 바닥을 겸허히
내려다보는 눈빛이 참 곱다

낙 엽

색바람이 부는가 보다
겨드랑이 가려워
철 이른 낙엽 하나 알몸으로
나붓나붓
날을 수 없는 서툰 바람을 핀다

내 연정의 호好시절
소박함과 따스함의 정情이 듬뿍
고여 넘친 멋스러움….

책갈피 숨겨둔 빛바랜 사연이듯
부치지 못한 그 예쁜 손짓 하나
자분자분한 고운 눈빛 담아
청순하고 세련되게 산보하듯
더듬거리며 날아간다

조약돌 파도

싸르락 싸르락 등짝이 간지럽게
파도에 닿아 너울거린다

영원으로 이어지는 자연과의 교감
끝없이 곱게만 너울지며
풍기는 아우라가 당당하고 넘 멋지다
지긋이 눈을 감고 너의 신음(呻吟)에
내 그리운 사랑으로 간을 친 채
비우고 채우고 또 비우면서 그리 살아
예쁜 마음으로 곱게 빚은 저
고운 눈빛 너와 함께 나누고 싶다

멋진 너의 손짓, 눈빛이
잔잔히 내 맘 한사코 되작인다

겨울 연지에서

아직은 메마른 나뭇가지 그 끝에서
머지않은 봄의 생기가 느껴지는
티 없이 푸른 아침나절

둑길에는 푸새 가지 건들거리는데
저마다의 목소리로 새들은
초원에 불 지피며 합창을 하고

"보고 싶다"

"보고 싶다"

끝없이 보고 싶다는
눈빛 못 감추고 얼어붙은 연지 마른
꽃대 보고 그리움 자꾸 불러 왼다

비를 본 어제

비 오는 날엔 할 일이 없다

지루하다 여겨지는 삶에서
추적추적 젖어 여기까지 왔다
마음이 허허로울 때 신발을 벗고
첨벙첨벙 뛰어들고 싶은 날이다
친구와 소주잔을 가득 채워
들었다 놨다
자기 살을 내어 안주가 되어 준
이름 없는 살코기와
기꺼이 뜯겨 겉절이가 되어 준
내 친구 풀 들에게
나의 고마운 마음을 한 잔 보탠다

내일도 혹시 비라도 오려나

삶의 흔적

내 삶의 마디마디에
잎을 달았는가 가지를 꽂았는가
아님 열매를 담았는가

지나온 시간의 한 지점마다
잊히지 않는 일이
음영처럼 드리워진다
가을과 겨울과 봄 그리고
다시 맞을 여름도 더 애틋하다

원하는 삶을 위해
견뎌야 했던 헛헛한 오늘의 무게
한량없이 깊고 무겁다

시간의 틈

옛 풍경이 가물가물 사라지고 있다
손등이 까실하게 말라가고
비가 오면 빗소리에 귀 기울이고
눈 오면 종일 눈 내리는 풍경을 바라본다
가늘고 맑은 바람이 한 올 흘러올 때
관심을 갖는다는 것은 사랑한다는 것
잊은 듯 지나가다가도
가슴 한편 메마른 여백을 쓸어가는 바람
그 잔잔한 연심戀心마저 데불고 가
세월을 잊게 한다

지나간 시간들 속으로
마음의 소중한 가치를 심으며 다가선다
동그마니 내버려진 우리 사랑이여
늘 가까이 마주하면서도 멀리 봐야 하니
지척 같으면서도 만리 길이 아니던가
옛일 하나씩 꺼내어
홀로 걷는 길 예쁜 그림자 데불고 간다
그대는 정녕 어디쯤 살고 있을까
걸음걸음 틈마다 애가 탄다

오정자鳥亭子 나무

어제도
그리고 내일도….

내 둥지의 길목
조용한 척번정滌煩亭 마을 어귀
해가 떠오르고 달이 뜨고
별이 뜨는 그 자리를 지키는 장엄함,
홀로 우뚝 지킨 세월 200여 년
느티나무鳥亭子의 넉넉한 품,
서민들 번거로움 씻어줘 너무 따스하다
길가 지나는 행인들 틈에 끼여
겹겹의 외로운 세월 가슴에 새기며
온 이웃과 사랑을 나누어
감사와 정을 채우며 살라는 수호신
그 후덕함이 깊다

긴긴 훗날도
눈 맞추며 살 거다

우상偶像

노인정 옆 지켜선 기목나무는
풍치와 그늘을 주는 사랑방이요

마을 어귀에 나선 당산나무는
신령이 깃들어 바라는 꿈 나무이다

집 근처에 지키고 앉은 정자나무는
고향을 지켜선 은은한 향수鄕愁요

아름드리 세월 안고 선 보호수는
마을 주민의 기념수요 역사이다

풍경 風磬

조용한 산사
처마 끝 저 물고기가
헤엄치고 싶은 곳은

푸른 바다도 아닌
멀리 도망치고 싶어서도 아닌
속진俗塵과 탁세濁世 묻은 마음 옷
경敬과 자비의 숨결로 씻으라는
깨침이 아니겠는가

은은한 목성 흘리노니
사람과 사람 사이
마음의 강이 아닐까

먼 당신

간절히 바란다
사람들이 행복의 실체를 보고
만질 수 있다면
떠나기 전에 소중히 다루련만
행복은 어제나
먼 창공 낮달처럼 웃다가도
떠나가면서 제 모습만 숨긴다

하늘이나 알아 줄까
할 일이 있고 사랑하는 사람이 있고
희망이 있으면 지금 행복한 사람,

그런데,

잔잔한 눈매로 멀리 바라보면
행복은 사라진 후에야 빛을 낸다
솔직히
알고 보면 좀 얄밉다

흠모 欽慕

보이지 않아도 사랑할 거야
너를 기다리고 있는 동안 나도 너에게
가고 있다는 거
그것이 '기다림'이라고 베껴 써놓고 보니
기다림이란 애타는 것이더라

궁색하게 타는 목마름의 푸른 녹 같은
긴긴 그 기다림
삶의 결이 삭도록 기다리는 그 간절함이
이끼 되어 너울거린다
다 채워도 안 되고 텅 비워도 아니 되듯
허위허위 달려가다가도 조용히
가라앉힌다

흘러만 가는 시간의 힘 앞에 속수무책인
그리움이 곰탁곰탁 쌓이면서
알알이 돌이 된 망부석 같은 하 세월들
도를 닦듯 그저 침묵하고 수련하며
먼 산만 바라보는 것이라

추억이란 친구

추억은
가장 더디 늙는다

그 사람을 기억해 내어
나를 그 시절로 소환하는 것이라
그들도 나를 못 놓듯
안고 뒹굴며 사는 동심적 친구
그 옛적 순간을 다시 느끼는 것은
정말 돈 주고 살 수 없는
고요의 기쁨이다

추억은 가끔씩
가다가 뒤를 돌아본다

가을 연인

이 나이에도
가을 햇살이 아직 저만큼 남아 있고
마실 수 있는 차 한 잔과
창밖에 찾아온 햇볕이 가까이 있다니
마음은 생기스럽다

때때로 채워지지 않는 나의 빈속
추억과 함께 오는 고독과 쓸쓸함도
곱게 물든 낙엽으로 채워주고
막새바람이 가슴 사이로 스며들 때
시간은 그리운 얼굴을 챙겨다 준다
조금은 쓸쓸한 걸음으로
옛 산길 걷는 나만의 재미도 있다

나의 외로움은
상상의 나래로 덧칠해 가며
송림 너머로 행복한 시선을 던진다
틈틈이 그리운 사람이 있다는 건
얼마나 행복한 부자인가

빈자리

혼자 밥숟가락을 들다가도 왈칵
그분 생각에 눈물지은 날

왠지, 그것에 더욱 마음이 쓰여
남겨진 옷자락 하나
끄적거린 허름한 수첩 한 장
벗어 놓은 신발 한 짝
부여잡고 한없이 한없이 북받치듯
울음을 터뜨린 일
마음의 그 빈 상여를 짊어지고
점점 고아가 되어 가듯
그분의 티 묻은 자리는 어찌해도
메워지지 않는 허전한 빈 술잔
상실감으로 쌓인 찌꺼기마저
털어낼 수 없는
안타까운 허망함과 애잔함이여

어디에다 내 마음 전할까
지나간 시간 끌어안고서 뒹군다

시가 된 그리움들

아무 이유 없이 지금이 참 좋다
푸석푸석 다가오는 늙어감에도
인생의 끝자락에 도달한다 할지라도

가끔씩 스쳐가는 바람이듯이
추억 몇 송이가 넘 예쁘게 흔들린다
흘러간 옛 노래처럼

오, 미천하고 비루했던 사랑이여
영롱한 눈빛과 멋 은근히 향기롭다
늘 그립고 보고 싶어

내 안에 있는 그대 향한 그리움
날이 저문다고 그리움마저 저무랴
나는 그대가 넘 그립다

어느 그리움

아, 아득히 흐르고 흐르다가
지독히 외로운 날

기억의 미세한 파편들….

삶이란 그런 거라고
인생은 원래 다 그렇다 해도
나였던 그 아이는 어디 있을까
아직 내 속에 자리 잡고 있다
묵묵히 뚜벅뚜벅 걷다가
나직이 속삭이다가

홀연히 떠나 버렸으니….

채우지 못한 빈 가슴
스민 그리움으로 치장을 한다

중년다운 멋

중년다운 멋과 아름다움은
풍상을 견디어
비스듬히 뻗어 나가는
그늘을 던지는 노송 같은 멋

그.
장엄미莊嚴美와 섬세한 우아미優雅美,
오달지게 여물던 패기
향기롭고 마음 뜨겁던 청빛 열정
의젓한 자태로
은은하고 늠름한 기상과 매력…

나이만큼 나이 들어 보이고
너그러워지며 나이에 알맞은 옷 입고
세월을 거부하지 않는 아름다움
바로 그런 멋이다

인생은 여행

걷고 싶은 도시가 가장 좋은 도시다
걷고 싶은 도시란
안전하고, 여유 있고, 볼거리 많고
먹거리 많고, 사람 구경하고,
자기도 멋지게 보여주고 싶은
건강한 도시이다

떠나자, 걷자, 묻자, 듣자 모험을 하자
비비대고 살아도 그리 싫지 않은
그 틈새가 목줄이다
그리고
가끔은 말없이 그저 느끼자
인생은 여행이니까

꿈은 꿀 때가 행복

소소한 경험을 무시하지 마라
작은 경험이 쌓여 내가 되고 꿈이 된다
막연한 동경과 진짜 내가 되는 것을
혼돈하지 마라
꿈이 자꾸 변한다고 고민하지 마라
그것은 성장이다

우리는 앞을 보지 못하고 자꾸 뒤를 본다
그리고 찾는 것은 이 세상에 없는 것
가치 있는 것은 드물고 어렵지만
꿈을 꾸고 있는 모든 시간이 바로 행복
큰 꿈은 잘게 부숴라
멀리 있는 꿈은 진짜 내 꿈이 아니다

마음의 군불

가을이 깊었는데
그 산길 바위에 홀로 걸터앉아
좋은 사람과 나누었던
시간과 추억을 한데 버무린다

그리움을 찬찬히 음미한다
그리고 삼킨다
외로운 심신에 군불을 지피듯
그렇게 정념 적 허기를 달래고
그곳에서 마음도 데운다

위로는 소중하고 절실함 속에서
피워낸 꽃인가 보다
자신을 위해 이렇게 간간이
마음에 군불을 지핀다

무루無漏

무딘 마음을 숫돌에 문지르면
그 숫돌에
마음을 비비대고 가겠지만

마음과 몸을 괴롭히는 번뇌는
문질러 깎고 버려야만
더 아름다워지는 법이다
수만개의 창살로 꽂힐지라도

버릴 때는 미련 없이
미련 떨지 말고 버려야 한다
그 점을 깨달아야 청심이다

가을 안부

옛것이 진맛이 난다더니
초등학교 뒷산 먼동골 노을 비치니
불알 친구가 더 보고 싶다

이렇게 너무 보고 싶을 땐
볼펜을 잡고 낙서를 마구 해댄다
떠오르는 이름과 살은 동네
긴 줄 서서 노래 부르며 다니던 갓길
집 나가고 돌아오지 않는 안부들
보채다가 삭이지 못하고
하얀 종이가 검어질 때까지 시종
줄인 양 길게 따라 적는다

보름달 같은 친구야,
그리움을 담아 낙서를 한다는 것은
마음으로 너를 안아 보는 거란다

틈

만족함보다 어딘가 부족한 듯
돌과 돌담 저들이 내준 사이
틈은 끼어들 기회이다
그리고 순간이다
사이사이에 있는 간극이며
신이 존재한다

내 마음에 빈틈을 내주는 것
자신의 빈틈을 인정하고
다른 사람의
빈틈을 받아들이는 것

틈은 조용한 위로와 단단한 용기요
때로는 빠져나갈 배려로
속 깊은 응원이 담겨 있다

필부의 생

무심하게 사는 게
잘 사는 것처럼 느껴지는 나이라
사는 날까지
순응하며 익숙해져 가는 것이
내 시간을 만드는 것이라

무심히 지는 해
더 붉고 아름다워야 하지 않겠나
쓸쓸함으로 그리움을 만들어
기억의 마디마디를
추억의 일부로 덧칠하며 사는 거
이게 담백함이다

노욕을 무심히 내려놓으니
호강을 넘보지 않는 한낱 필부로서
흙과 순일純一함이라
부끄럽지 않게 살아가면서
때때로 낮잠도 자볼 요량이다

갈애 渴愛

그날 품을 때 따뜻했어
그 죠?
그렇지,

잔잔히 고이는 빛 여울이여
사뭇 귀엽고 앙증맞다
서로 슬겁기 한량없었지
인생 최고의 행복은
사랑받고 있다는 확신이다
사연 심던 지난날
함부로 버릴 수 없는 추억…

한 토막,
눈물이 흐른다
오래오래 기억하고 싶다

우리 시대의 역설

늘 시작은 그랬다
끼리끼리 시린 몸을 기댄 채
편하게 바라보며 살자고,

건물은 높아졌지만 인격은 낮아졌다
고속도로는 넓어졌지만 시야는 좁아졌고
공기 청정기가 있지만 영혼은 더 오염됐고
원자는 쪼갤 수 있지만 편견은 부수지 못했다
법 조문은 살아 있지만
만지고 가지는 놈은 눈뜬 당달이다
곳곳 세금은 지겹게 따라붙는데
챙기는 놈은 날강도들이다
달에 갔다 왔지만 길 건너 이웃을 만나기는
힘들어졌다
수명은 길어졌지만
삶을 성찰하는 시간은 도리어 짧아졌다
인터넷은 하루에 수십 번 검색하지만
제 마음속은 한 번도 살피지 않는다
함정은 깊어졌는데 사다리는 허약해졌다
더불어란 말은 흔해졌지만
진정한 더불어는 만나기 여간 어려운 게 아니다

양심이란 비료가 없다
이런 모순과 함께 살려니 미친다
어떻든 독해져라

낙엽귀근 落葉歸根

산마을 초동樵童 하동河童으로 자랐다
평범하게 사는 삶이 꼭 나쁘지는 않아
대단한 꿈을 이루어 내야
하는 것만은 아닌 것 같아
연심세월年深歲月에도
그립고 아릿한 마음은 다르지 않아

애초에 내 생명의 뿌리를 박은 땅
꽃바람 소리 잊기도 전에
어떤 생각으로 흔들리며 살아왔을까
산들산들 스치는 갈바람 묻어가네

아침이면 묏앞산 바라보며 햇살 받고
저녁이면 먼 동산에 비치는
노을빛은 익숙한 그리운 풍경이라
그렇게 묵은 세월을 껴안고
논길을 걸어왔듯이
무위자연 노래하며 숫기 없이 살았다

제5부
인간은 사랑스러운 존재

사소하다 하겠지만
나를 행복하게 하는 즐거움으로
그 의미가 되고 싶다
사랑으로 간절한 기도와 눈물
배려와 위로마저 욕심내지 않으리라
언제나 제자리에
맑디맑은 달빛에 눈 맞추어가며
티 없는 순박한 촌부의 길로
때로는
흙 묻힌 배 밀어가며 살으리라

삶의 무게

손바닥에 멍이 들었다
옹이 같은 티다
이제껏 흙바닥에서 놀아서 그럴까
날마다 논밭에 기어서 그럴까
늘 천박한 그늘 밑에 자라 그럴까
물物이 부족해서 그럴까
깊은 옹이 남겼네

땡초 같은 매운 삶
예쯤서 잠시 쉬었다 가려 하니
더 춥지 않기를 바란다

쉬어가며 살아갈 자격이 있다
성숙이란 상처 없는 인격이 아니라
폭풍우에 열매가 익어가듯
이제껏 숙성되는 과정이라 여겨
그동안 마음만 너무 가벼웠다
손때 묻은 늙은 호미
오늘 맑은 냇물에 씻어 보련다

빗물 여정

무한 허공을
꿈을 꾸며 떠돌다가 뚝 떨어질 때는
그게 끝인 줄만 알았습니다
모든 것을 포기해 버리고 싶었고요
삶은 하나의 모험이고
이 모험이 나를 버렁으로 몰아갈 때
어금니 깨물고도 안 아픈 척
포기하지 않고 계속 앞으로 나갔죠
부딪치고 눌리면서 모퉁이를 돌아서도
지금까지 경험하지 못했던 먹이가 돼
야채처럼 유순한 눈빛이라면
내 민낯은 어울리지 않아도 좋습니다
그도 멋진 추억이 되었답니다
모든 만물은 살아지도록 만들어져 있어
그것이 우리 존재를 발견하는 방식
저 앞 비륵산 굽은 소나무가 되는 꿈
그날이 오기를 바라며 그냥 순리로
버티어 보렵니다.

산촌의 아침

풀밭 그늘 속
다디단 이슬 한 방울 방긋 웃네
이 초야의 여백과 틈 사이
젖은 눈빛 곱게 담아 두고 싶구나

님의 첫 미소가 저랬을까
너와 나를 위한 세상을 꿈꾼다
순간 한 줄기 바람이 인다

고요롭게 낯 고운 미소 품어 안은
풀여치와 어울리며 마주 웃는
나의 꽃이 되었네
세월이 주는 선물이지 싶다

낙출허 樂出虛

나를 벌레라 불러주라
아직이 아니라 영원히 날지 않아도 좋다
호강을 넘볼 수 없듯
꾸밈새 없이 기어 다닐 것이라
풍경이 주는 감회와 풋풋한 느낌을 찾아
한갓 필부로 처신하라

사소하다 하겠지만
나를 행복하게 하는 즐거움으로
그 의미가 되고 싶다

사랑으로 간절한 기도와 눈물
배려와 위로마저 욕심내지 않으리라
언제나 제자리에
맑디맑은 달빛에 눈 맞추어가며
티 없는 순박한 촌부의 길로
때로는 흙 묻힌 배 밀어가며 살으리라

지혜와 행복

나는 앞으로도 언제나 배울 것이다
새로운 이야기를 만나고
그 속에 담긴 새로운 의미를 찾을 것이다

마음의 평화와 사랑과 지혜와 행복,
그리고 두려움으로부터 자유를 찾을 것이다
작은 생명체를 눈여겨보는 것이야말로
진정한 사랑의 정신이다
옆에 자리 하나를
만들어 놓는 것을 잊지 않을 것이다

우리 인류가 미래의 구원을 끝없이
기다릴 것이 아니라 지금 이 순간 속에서
최선을 다해 살기를 바란다

공 감

가정의 행복이
안정된 직장 생활의 바탕이 되듯
따뜻한 위로와 배려는
윤슬 이는 연못 적시는 하얀 꽃비다
따뜻한 마음은
꾸밈없는 솔직한 행운의 선물로서
내 작은 소망들
활활 타오르게 하는 불쏘시개이다

이해와 맞장구,
서로서로 '알아준다는 것'

용서와 자성으로
잘못이나 입장을 너그러이 받아주고
그때를 되돌아보면서
스스로 깨달아 반성하고 개선함이다
공감이라는 것은
다수가 모여 함께 손뼉치는 것이라
겸손이요 사랑이며 호의니
공감이란 마음은 인간 삶의 평화다

오상고절 傲霜孤節

아침에 눈을 뜨면 보내온 안부와
위로가 있을 때
마음 나눌 친구 있어 감사하고
날마다 찾아갈 채마밭 몇 평으로도
정성 쏟을 수 있는
소일거리로 먹거리 얻어 좋고

함께 나서주는 1톤 트럭 하나 품으니
데려주고 데려오고
이만큼 속 깊은 친구 어디 있나

골방 책상에 시집 한 권 꽂혔으니
사랑의 허기 잊어
살가운 삶의 위로를 받아 좋다
팔꿈치에 군살이 박히도록 담금질
마다하지 않는 고독한
야성의 눈으로 자연을 바라보노라

서른아홉 즈음

열아홉에 다 잘하려고 설레었고
스물아홉엔 여유롭고
지혜로운 30대를 꿈꿨지만
막상 도착한 서른아홉은 여전히
불안하고 서툴다

먹고사는 문제에 고민하고
인생이 곧 끝날지 모른다는
초조함에 시달린다

숨 막히는 분위기에 허덕이는 중이다

서른아홉 안정은 없는 대신
가능성은 남아 있다

내면의 눈

눈을 뜨고 있다는 것은 무엇일까
진실과 공정
제대로 보고 있을까

바라본다는 것은
지혜와 깨달음, 인식과 초월
구원과 열반에 이르는
근본이 아닌가

인간의 눈은 유한하고 불확실하다
내면의 눈은 뜨고
제대로 보려면 눈을 감아야 한다

모든 게 사랑이라오

세월 오가다
누군가 사랑을 묻는 이 있다면
이렇게 말하리라

세상 가득한 따사로운 햇살도
그리움 재운 밤 곱게 웃는 달빛도
콧노래하며 지나는 산들바람도
흔들려 너울거리는 나뭇잎
도란도란 흐르는 시냇물 소리도
사계四季가 안겨주는 희로애락도
지고지순至高至純한 그리움도
조붓한 길 정다운 호감의 동행도

설렘이 가닥가닥 배어 있어
있는 정 없는 정 나누고 살았으니
세상천지가 다 사랑인 것을…
지금
이 순간순간이 바로 행복이라오

누가 이토록
사랑의 슬기를 미어 놓았을까
참으로 고맙소이다

베풂

베풀어도 베풀었다고 하는
생각을 일으키지 않으며
일을 했어도 하였다는 생각들을
담아두지 말아야 한다

바라지도 않고 신뢰하고
작은 일에 감사하고 도와 준다
서로의 단점까지를 사랑한다
다만,
이들이 현명한 일이며
올바른 정신이므로 행하는 것

그것은 어머니가 한 벌의 옷을
자식에게 주어도
주었다고 하는 마음을
일으키지 않는 것과 같다

쉼 표

기교 없이 예스런 소박함의 멋
일상의 친구가 되어 줄 수 있으면 좋겠다
원기를 주는 활력소이다

생활의 힘은 멈춤에서 나온다
음악도 쉼이 있어야 그 여운을 즐길 수 있고
춤도 정지의 순간이 없으면 성립되지 않는다
끝내기 마침표가 아닌 쉼표로 이어가는
측은지심의 포용으로
조력자의 후덕한 면모를 가진다
용기 잃지 말고 살라는 작은 배려다
버거워 말라 말없이 선듯 자리를 내준다
그대를 늘 마중하고 섰던 것처럼
그저 묵묵히 기다리다 기꺼이 받아주시며
필요한 만큼만 권한다
힘듦은 비워내고 가벼움만 안고 가라
후들거리던 그 아픔을 덜어주시고 보낸다
고난의 삶도 잠시 멈춤이 힘을 만들어 준다

그대는 곱살스러운 쉼터
굽진 인생길 고비마다 쉬어가라는 당신의
심성을 닮은 힘이 되고 싶다

허한 가슴

잎 트는 산가
옹달샘 퍼내 가는 바람아
나부끼고 부대끼다가
꺼져가는 심지의 조바심을 자넨 아는가

어디서 어디로 가는지
바람도 가고 구름도 가는데
싸래기밥 두어 술 뜨며
저문 날 돌아갈 길 바쁜 줄을 모르네

무상한 세월
마음은 새벽 이슬로 적시건만
스산한 바람이 불 때마다
우수수 떨어지는 쓸쓸한 낙엽은 어쩌나

시골밤의 낭만

밤을 즐기는 것이다
낮을 지배하던 빛이 얌전히 물러나고
어둠이 주인이 되는 시간
세상은 온전히 다른 색깔이 된다

연지 둑길 긴 의자에 앉아
밤하늘 수놓는 반딧불이를 만나는 것
쏟아질 듯 반짝이는 은하수를 건너는 것
수련들이 고이 잠든 연못가
별빛 달빛 소릿길 따라 걸어보면
나뭇잎 사이로 살짝살짝 비치는 조명이
낭만적 짜릿한 연심을 안겨준다

속세의 한적하고 평화로움
홀연히 떠오르는 둥근 달빛의 교교함
어느 도시의 밤보다 더 심오한
아름다움이 아닌가
연못 수련들 숨소리가 고요하구나

한 생

성가신 빚처럼
인생은 쫄리는 맛에 산다
그럴 자격이 있다

일에 쫄리고 돈에 쫄리고
정에 쫄리고 잠에 쫄리고
시간에 쫄리고 사랑에 쫄리고
배움에 쫄리고 체력에 쫄린다

그렇게 쫄리다 보면
마음이 초근초근해 질 때
풀잎 위에 눕는다

웰-루킹 well-looking

수풀 속에 앉아 자세히 바라보니
나무, 줄기, 풀, 벌레들…
모두가 남다르다
다름을 우열로 보지 않는 것 같다
다양성을 수용하면서 초연히 산다
더불어 사는 삶을 선사해 준 신에게
감사하며 살아가나 봐

저들의 청담한 심미안을 보면
볼수록 부럽지만 얄미운 생각도 든다

그래서 만족하는 그들은
부족한 데를 서로 채워주고 나누며
저마다 지향하는 가치가 달라도
어울려 살아가며 평화와 복을 누린다
지혜롭고 착해서 애처롭지만
배려를 중시하는 삶이 더 흥그럽다
자연에서 하나 배우며 산다

＊well-looking: 좋은 모습으로 삶을 중요시 하는 형태.

성찰 省察

사람에 대해 알면 알수록
개가 더 좋아진다
개보다 더 개 같은 세상
우리 모두가 이기주의자 위선자

개여!

그래도 너는 나보다 낫다
오토바이 소리라도 물고 흔드는
너의 이빨이
나에게는 없구나

우분투 ubunmtu

누구도 오라 하지 않아도 태풍은 찾아오고
누구도 가라 하지 않았지만
계절은 떠나간다

그 자연의 틈에서 새들의 날갯짓에
잠시 눈길이 멈춘다
태풍에 쓰러진 벼이삭을 밟고 앉아
염천 땡볕 땀 흘려 지은 농사 제들끼리
잔칫상 받은 양
찢어지게 가벼운 입을 채우고 있다

누가 먹으면 어떠랴
나 좀 덜 먹으면 또 어떤가
혼자만 배불리 살라는
이기심 내게 품지 말라는 가르침이 아닌가

새도 먹고 벌레도 먹고
나도 먹어야 다 살제
논두렁 멀리 나서 손 흔들어 주고 싶은 날…

*ubunmtu: 아프리카 코사어로 '우리가 있기에 내가 있다'는 뜻. 내가 너를 위하면 너는 나 때문에 행복할 것이고 나는 너 때문에 두배로 행복할 것이라는 뜻을 함유하고 있음.

늙정이의 사랑

유난히 하늘이 맑거나
커피향이 유독 향긋하게 온몸에
감싸드는 날이 있다

깊고 내밀한 산골의 밤
입맞춤하고파 깊은 잠을 깨운다
커피 한잔 나누고 싶은 마음
강물 같고 구름 같아
엎드린 호수처럼 별을 안는다

세상 번뇌 시름 다 잊고
꽃 노을 오감이 작동한다 생각하니
무상한 밤이 고맙다

비 움

구름은 흘러가면
뒤에 남는 것이 없어 좋다

터울터울한 삶의 그림자로
뒤뚱뒤뚱 돌고 도는 듯하지만
자유, 평온, 사랑을 짓고 허물다가
푸른 하늘 높이 아스라이 날아서
그리움만 한가롭게 남긴다

결국은 그래서
푸른 하늘뿐이어서 좋다

진실한 삶

비석이나 기록은 역사다
사연이 쌓이면 모두 역사가 된다

아는 척, 착한 척, 청렴한 척,
삶의 태도는 먼지처럼 쌓여서는
층층이 구전과 풍문에 묻어간다
과거가 없으면 성찰이 없고
미래가 없으면 희망마저 없기에
과거와 미래는 버리는 게 아닌 거다

지식은 새것에서 얻지만
지혜는 옛것에서 찾아지는 것이다

그쯤

참 편하게 해 주는 말이다
'그쯤이 좋아'
칭찬하는 말은 아니지만 뭔가 있다

적당히 하는 면이 있으니까
이는
여유요, 만민에 평화와 배려이어라
고로,
인간은 사랑스러운 존재다

'그만한 정도'가 없다면
인생을 즐길 기회가
영원히 찾아오지 않을지도 모른다

단 상

갯가 버려져 있는 목선 한 척
고적하고 외롭다

일상의 간물을 토해내듯
멀어져 가는 이안류 울음 삼키며
허허로운 세월에 젖어
지그시 짭짤한 눈을 내려 감고
방울 맺힌 눈물 떨구고 있다

멍하니 바라보이는 먼 이내가
빗소리 안고 슬피 운다

그냥저냥

요즘 어떻게 지내냐고
친구가 묻건데

'그냥저냥'

그 친구 날 보더니
요즘
얼굴이 좋다고 하길래

그냥 웃었지

술기운

지친 듯 젖고서도
황홀해서 웃는 바보 가슴에
맺힌 설움 잘근잘근 씹고 앉아
친구야
정 따르라며
울컥이는 설움아

모든 정 다 주고도
외로워서 우는 바보 풋사랑
짙은 향기 밤새껏 끌어안고

설워라
님 부르다가
짚불처럼 가시네

끄트머리

'끄트머리' 하고 생각하면
마지막, 나중, 꼴찌, 막차, 낙오, 퇴물…

모든 게 극항의 벼랑 같아 아찔하다
꼴찌 낙방 같은 허무처럼
어쩐지 더욱 매몰차고 허망하게 들리는데
손가락이 나를 향하듯 주눅이 든다
어떻게든 딱 한 번만 더 기회를 달라고
붙잡고 늘어져 보고 싶은 심정이다

(·····)

되돌아서면, 망하고 흥하는 인도의 정
마지막이 다시 출발선이 된다는 것
볼펜 끄트머리 도드리를 살짝살짝 누르면
저절로 심이 살금살금 나오듯
진득진득하게 옭아맨 정
행복과 불행의 차이는 동전의 양면성

절망이 아니라 시작이라는 희망
그대이길 바라 가슴이 다시 발동한다

아시타비 我是他非

배움은 깨치는 것이 순리라던데
더 배우고 더 가진 자들
고관대작들을 보면
산다는 것들은 슬픈 드라마 아니더냐

그러는 게 아닌데 하면서도
내치는 듯 은근히 받아 쥐는 모습들
윤리 도덕을 팽개친
양심 인품 신뢰 분별 정도正道가 없는
어떤 욕망들로 가슴을 짓누른다

위정자들 금이빨로 내뱉는 나팔 소리는
늘 상식과 공정과 정의를 씹으면서도
내로남불, 이중 잣대의
순간 카오스를 내뿜으니 슬프다

*아시타비我是他非: 내편은 옳고 네 편은 다 나쁘다. 카오스~만물이 나타나기 이전의 혼돈 상태를 이르는 말.

안하무인

저 너머의 짜디짠 눈물 같아라
일생 눈물 가깝던 눈썹 하나

탯줄을 타고 내려와 능청거리는
썩어버린 탈이념의 헛발질
흙 묻은 눈알들 온통 굴러다닌다
원색의 강요와 대립의 껍데기들아
끄집어내는 잡것들의 어깃장
시간이 허문 행적을 뒤지고
고래고래 목청만 돋우는 헛 나팔
군짓거리의 측은한 몸부림
울면서 비척거리는 걸음의 망정들
제 똥 구린 안하무인의 방자함에
공연히 부아가 치민다
손등으로 먼지 낀 눈을 문지른다
잡초는 제초제가 제격이라

체기體氣 심기心氣 영기靈氣란
민의의 제초제로 일망타진하리라

배려

여백과 틈 사이 약간
헐렁헐렁한 너그러움이다

마음속에 늘
당신을 품고 있기 때문 이다

이기고 지는 것이 없는
그저 편안하게 내어 주는 것

드넓은 세상의 따스한 가슴
너그럽고 풍요로운 햇볕이다

씨 뿌리는 사람

농사를 보람 있게 짓는다는 것은
땅을 고르고 잡초를 뽑아야 한다
그다음엔 마음의 전답에다 사랑과 명상,
친절과 선, 그리고 지혜의 씨앗들을 심고
잘 가꾸어야 한다

이런 일을 꾸준히 한다면
그대의 영혼은 차츰 향기로워질 것이요
그대의 삶 역시 크게 달라질 것이다
씨앗을 뿌리지 않으면 대지가 황폐해지듯
인생도 마찬가지다

그런 의미에서 경작지를 갖고 있든
갖고 있지 않든
우리 모두는 씨 뿌리는 사람들이다
씨앗을 심고 가꾸고, 거두는 것은 결코
농부의 일만은 아니다

제6부
바람은 지워질까 날아갈까

좋아도 좋다고 못해 나빠도 나쁘다
그렇게 안 해
애린 묻힌 믿음이여
그 믿음을 지키는 게 힘들었다
말없이 사랑한다는 것이 세상에 있다
영원할 줄 알았는데 무한하지 않더라
비우고 채우고 또 비우면서
그리 살다 가는 걸 몰랐다니
배려하지 못했던 순한 사랑 꽃 키워온
세월 눈물 난다

삶의 덫

내 맘에 약간이라도 살기 좋은 곳
남은 온기 보듬고 산다

닳고 닳은 야트막한 언덕
날긋날긋 해묵은 빛바랜 초막
성긴 울타리 에두른 한 뼘의 묵정밭
해거름 드리운 줄 모르게
서둘지 않고 묵묵히 바치는 무욕의 심성
소외된 노파의 풋풋한 냄새로
파선이 되어 눈물 지분지분 스미니
공연스레 외로움을 더하게 하는 침묵 속
여여함을 깨물고 사는 촌로

세월의 주름살 따라 가슴속까지
배어든 삶의 멍자국이다

적적요요

적적하고 유현한 고요가 좋다

그런데 회한이 묻어난다
가을바람이 창문 흔들며 지나간다
이에 질세라 기러기도
긴 하늘 끼륵끼륵 소리를 얹어
적막을 깨트리니
참새 떼처럼 조잘대던 추억들
스치는 바람이 업고 가버린 어둔 밤
나를 다독이는 애린이 낡고 빛바랜
서랍 속을 정리한다

별이 꽉 찬 하늘 달도 밝다

마음으로 바라보기

심심할 때 늙는다
행간마다 번뇌의 괴로움이 자란다
왜 아까운 시간을 죽이는가
상대방의 입장에서 바라보기
그럴 수 있지 라고 말해 보기로
시간을 살려라

겉을 바로 보는 관찰과
속을 알아보는 통찰과
나를 바로 보는 성찰이

측은지심의 포용으로
조력자의 후덕한 면모가 보여야
사랑받고 싶은 내 마음도 돋보인다
나의 기준을 바꿔 보는 것
마음을 빼내면 행복은 가득 차서
삶이 제맛 난다

소 일

만나면 주변 사람들마다
힘드는데
"이젠 그 고된 농사일
그만해도 되지 않느냐?"
이른다

그냥,
소이부답笑而不答 했다

인생이란 참맛은
탐과 시기를 가미하지 않은
욕심 없이 담담하게 사는 거
자연 그대로의 심심한 맛깔
그게 담擔이 아닌가

잡 초

계산이 있는 곳은 지옥이다
이 세상에 왔으면 쓸모가 되어라
발길 닿지 않는 눈 먼 곳 아니라면
무관심과 사소함으로 위장하라

똑똑한 체 나서지 마라
띄지 않게 얼굴 치켜들지 마라
잘난 놈 앞에 가까이 다가서지 마라
계산이 너무 밝으면 미친다
눈에 띄어 치이거나 뽑히는 것보다
살아 있는 초록이 돼라

허례허식 없는 진실함이란
예쁜 맘으로 더불어 살아야 한다
영혼이 자유를 얻으면 즐겁듯
마음 편한 그곳이 천당이다

세월의 무게

마을 어귀 커다란 돌이 외친다
'바르게 살자'라고

유모차 밀고 지나던 꼬부랑 할매
오늘도
그 앞에 멀찍이 멈춰 서시더니
몸 곧추세우시며 그 굽은 허리로
마음의 바름 앞서 외모의 바름마저
바로잡기 어렵다며 미안하다는 듯

"그래, 네 말대로, 다-아
기울지 않고 행진하면 얼마나 좋아
이 서글픔을 하늘이나 알아줄까
너 보기 참 부끄럽구나.
물 간 세월의 흉물 아무리 애쓴들
내 몰골 바로 세울 수 없어
오늘도 미안하다"

지게 자리

나 홀로 남았구나 오직 나 홀로
은은한 눈매로 바라보던
추억에 나 홀로 쓸쓸한 추억만 남았네
닭이 운다, 시냇물이 흐르고
이랴 좌랴! 밭 가는 아빠 목청소리

시냇가 버들게지 파릇파릇 피어나고
헐벗은 산등 진달래가 방긋방긋 웃네
날개 접은 지게 홀로 쓸쓸히 존다
오직 사랑을 위해서만 사랑해 줘
나는 그저 바라보고 또 바라볼 뿐이다

여기 기꺼이 나는 앉았노라
그 친구 지나다 때때로 문 두드리면
커피 한 잔 나눌 수 있어 좋고
쾌활하게 웃는데 즐거움은 끝없어라
이는 바로 고독의 꽃이다

가을 달밤

아릿한 그리움이 가을밤을 긋고 간다
산등에다가 불을 댕겨 술렁이는
이 마음은
뜨거운 가슴앓이로
밤새도록 뒤챈다

적막한 산사 뙤창 새어드는 달빛 한 올
사랑으로 채색한 채 창호에 비춰두고
타다가 만
그리움 안고
촐래촐래 떠난다

측은한 몸부림

내가 뿌리내리고 산 곳이다
서그럽게 흔들리는 바람과
푸른 하늘을 마시고 꼭 다문 입술
하루는 풀벌레로 울고
하루는 꽃으로 웃고 하다 보니
어디서 와 어디로 가는지
저 바람도 가고 구름도 가네

묻은 흙 털지 못한 채
텅 빈 가슴으로 살아온 발걸음
허겁지겁 여기까지 왔다

풀밭의 그 수런댐에도
살을 저미는 이 삶의 외로움 속
빗방울 하나가 서 있다가
쪼르르륵 이마에 떨어져 내린다
자부름에 지친 탓인지
꺼져가는 심지의 조바심에
그냥 휘청거린다

할머니와 헌 유모차

주름 자글자글한 저기 할매 낮은 몸
유모차에 이끌려 가신다
빗자루 걸레처럼 깨끗하게 사시더니
자존의 상실을 걸머진 허리 휘어진 채
허술한 꿈 꼬깃꼬깃 꾸겨넣더니
본전 생각 밀쳐두고
눈 뜬 채 조는 듯 외롭게 따라가신다

역경의 짐 가볍게 걸고
꼬닥꼬닥 걸어가는 그 길 따라 세월의
그림자가 더듬거린다

골짝 비탈 소릿길 타보지도 못한 낡고
누추한 유모차에 코를 꿰고
거스를 수 없는 콧물 가슴에 훔치시며
오그랑 노파 뒤뚱뒤뚱 따라가신다
쑥부쟁이 한 송이 외롭게 나서서
가시는 걸음 띄엄띄엄 수줍은 미소로
휘청휘청 따라나서 걷는다

부부의 인성

좋아도 좋다고 못해
나빠도 나쁘다 그렇게 안 해
애린 묻힌 믿음이여
그 믿음을 지키는 게 힘들었다

설마설마하고 좋은 날을 기대하며
살아온 녹록지 않은 생의 나래
시련 속에서 스스로 야물아져
밤하늘 별처럼 쉬엄쉬엄 걷는 발걸음
강물 같고 구름 같은 세월이었지
묵묵히 제 본분 다한 눈물로도
당연히 그 자리는 그렇게 있어야
되는 줄만 알았다

이 풍진세상 그럴 리는 없겠지만
그럴 수도 있겠구나 하며
배려하지 못했던 순한 사랑 꽃
키워온 세월 눈물 난다

끝 물

영혼의 가벼움을 알 때가
끝물이다
삶이 애틋해지는 시기 같다

스스로 하찮다고 여기는
이도 저도 만만치 않은 마음
아직도,
내 가슴 깊은 곳에 한 점 미묘한
서글픔이 어린 채 살았어도
난 내가 참 좋다
너는 무얼 했느냐 물어도
그 나머지는 말하지 못한다

당신이 있어 따뜻하다
나, 여기
가난한 노래의 시를 심는다

부질없는 꿈

우리는 길 위로 함께 걸어간다
꿈이란 없어도 되겠지만
있으면 더 좋은 덤이 될 것 같다
지금 해를 짊어지고
길 위에서
그림자를 바라본다
흐르는 시간의 모퉁이에서
구름을 부르며 바람을 재우면서도
팝콘처럼 부풀리고 싶어한다

인생은 속력이 아닌 방향이라는데
조급함만 앞세워 다그치며
도돌이표가 되어 설레발을 친다
달리던 걸음
정신 줄 놓은 채
한참을 멍때리고 서 있다
질주의 끝은 늘 벼랑에 매여 있어
나는 숨을 고르며
멈칫멈칫 한 눈금씩 잡아당긴다

고독한 남자

가을볕이 비스듬히 누웠다
인자스런 모습 닮아
아련한
그리움을 품고 빛바라기 해 본다

술잔이 출렁거린다
시간의 자투리 남기지 않으려
썰렁한 졸가리와 속삭일 말벗이 될
개개비라도 날아와 준다면
얼마나 좋을까

발목 시린 나목으로 누워
팔꿈치 고인 채 힐끔힐끔 곁눈질도
허기는 채워주지 못하고
금쪽같은 하루해 또 저문다

저변의 함성

어느 가을날에
고함을 질렀다. 고독孤獨이란 맏형이

우리 일가 친척들 다 모여라!

외롭고 허전하다는 쓸쓸이가 맨 먼저 뛰어왔고
혼자 있자니 의지할 대상이 없다는 외롬이도
인적 없어 쓸쓸하다는 호젓이
홀로 떨어진 산골 심심하다는 적적이
고요하고 쓸쓸하다는 적막이
흐리고 으스스하다는 음산이
헛되고 삶이 무의미하다는 허무도
꽉 짜이지 못해 어슬프고 허전하다는 앙상이
실속 없이 아무런 보람이 없다는 공허도
기운이 빠지고 정신이 멍하다는 허탈이도
의지할 곳 없어 잃은 것 같다는 허전이도
먹은 것 없어 무언가 먹고 싶다는 헛헛이도
서럽고 불쌍한 슬픔이까지도

헐레벌떡 뛰어왔구나,

갈바람 걷어가는 낙조에
흔들리는 억새의 환호 따라 여의도 앞마당에
엄부럭 한 번 부려보면 어떨까

옛 친구 생각

멀리 있어도 어디 있어도 돋보여
나의 생각 속에 있는 당신은
언제나
들꽃 같은 사랑입니다

청청靑靑한 삶 속에서 진정한 우정
동심을 가꾸던 기억 촘촘히 젖어
내 마음에 꽃으로 피어날 때
겸손과 배려와 사랑이 넘치는
잔잔한 눈매로 바라보던 그 눈빛
고풍스러운 달빛에 비춰
그리움으로 유연히 피어오릅니다

언제나 변치 않는 사랑으로 인해
더 많이 행복했으니
잔잔하고 달달한 그 옛정이
농익어 또랑또랑 넘 그립습니다

노송

하루하루의 삶이 딱정이 앉은 혼디처럼
긁어도 개운치 않은 상처 같아서
이 아픔의 맺힌 고를 푸느라 애를 쓴다

생각을 지워가며 마음은 지키려 했고
마음을 지킴으로 곧 믿음을 지키는 것이니
나를 지키는 것이라 여겨
모두를 사랑하고
늘 마음 안에 희망을 안고
내가 할 수 있는 일을 즐거워하는 것으로
세월을 헛되이 살지 않으려 했으니

나는 그게 옹이라도 좋았다
산처럼 건강하고 하늘같이 넉넉해지리라
고개를 한껏 끄덕이며 살았다

석양의 노목 老木

어딜 가나 뉘 앞에서나 참견은
달갑지 않은 대우를 받게 마련이지
맡겨지는 직책은 고문이란 자리 정도
업은 애기 삼 년 찾는다는 건망증
한 말(言)에 두말 거들면 꼰대

나이가 들수록 초라해지지 말라
껄끄러운 토 달아 나서지 말고
징그러운 소리로 떠들지 말고
볼썽사나운 자중지란 안 보인다면
늙은 것을 부끄러워하지도 않으니
녹스는 것을 걱정하지 않으리

목소리는 적게 자리는 낮게 하라네
늙음은 외롭고 아프고 가난한 것
편한 것만 찾지 말고 누추가 안 되게
외로워도 괴롭지 않고 서럽지 않게
하루를 더 살다 가는 낙엽이 돼라

우정의 등산길

서로 호감을 가졌다는 것인데
종이컵에 향기 가득한 산중 커피
한잔 나눠 마시면서 마주 보고 웃으며
행복의 산행이 시작됩니다

숲에서 바위에서 계곡에서
신선한 공기, 빛나는 태양, 맑은 물과
식도락이 어울린 친구들의 사랑
이것이 있으니 더 부러워 말아야지
세월 한 땀 한 땀 바느질하듯 깁는
쫄깃한 우정과 사랑의 동행
은은하고 곱고 또 정겨운 어울림
따뜻한 미소를 나눌 수 있는 하루는
소소한 즐거움입니다

오늘의 건강이 내일의 기쁨이라
한결같은 따뜻한 산행 친구가 있어
저무는 노후의 소박한 즐거움이
인생의 보석 같은 별미입니다

유인지향 有人之鄕

산등선 외딸은 곳
바람도 없는데 괜히 몸을 뉘인다
온몸 출렁이는 작은 꽃 낯짝들
하늘색 닮아 있다

환한 햇살 투명하게 비워가는 마음
가난하고 외로운 가을 서정
홀연히 떠오르는 애처로운 눈망울,
삶의 여백에 죽치고 앉아
깜박이는 등잔불 심지만 돋운다

어느 하나 아련하지 않은 것 없다
이슬 같은 술만 마시며
맑게 맑게 살다 간 무명 그 시인
슬겁기가 한량없을 게다

생의 외로움

하고 싶은 것을 더는 미루고 싶지 않아도
그때 나는 왜 묻지 않았을까
미치도록 알고 싶어서 묻고 또 묻는 일은
오직 마음 안에서만 할 수 있다

남겨진 흔적을 가만히 보듬으면서
허망하지 않도록
삶이 시들해질 때마다 무언가 애쓰는 일에
진력이 나려고 할 때마다
나이 탓을 하며
다시 꿈을 꾸는 일을 부끄러워하던 숙맥
나의 허함을 발견한다

어쩌면 내가 힘들어하는 그 일이
누군가는 절실히 하고 싶은 일일 수도 있다
언제나 그랬듯
나를 격려하고 다독이라는 것을 배운다

노 을

여울의 조약돌처럼 매끈하던 손이
무얼 더 바라고 무얼 더 얻으려
이렇게
어느새 겉늙고 쇠잔해졌을까

눈서리 맞은 겨울나무처럼 처연타
남은 시간보다 지나간 시간이
더 많았음에도
꼬질꼬질하게 때가 묻은 옷을 입고
맨발로 다녀도 부끄러운 적이 없다

나뭇가지 사이로 지는 햇살이듯
강렬하게 깊숙이 바래던 날 한사코
회한과 그리움으로
심오한 아름다움을 끌어안는다

생각의 흐름

어릴 땐
푸릇푸릇 봄빛 씌워가면서도
심심하다고 울부짖고

젊을 땐
호방하게 호들갑 떨면서도
고독하다고 몸부림친다

늙으면
아릿한 추억 한가득 안고도
외롭다고 일그러진다

지나가는 나그네로
수려한 전경은 무아지경의
판타지라오

기다림

내일 또 만날 듯
꽃 자리 한 곳 비워 놓고
모든 것 다 잃고 잊을 것 다 잊어도
나는 기다림이 행복했다네

낚싯대 휘어진 목에 내 삶을
미끼로 끼워두고
곱싸리 파도 타고 님이 오시려나
세상 삼킬 듯 바라보노니
아스라이 스며드는 낙조의 빛
이글거리는 붉은 일몰에 등이 탄다

순간 마음속 한 줄기 바람이 인다
인생 팔십 가히 무심無心이라
젖은 자루처럼 옆으로 누워
부질없는 기다림이 피식 웃고 만다

유랑의 바다

손 닿지 않는 이역의 섬이다
잊지 않으셨다니
수평선의 아슴함은 덧없는 고독
허허실실 손 흔드는
늘 먼 풍금風琴의 환상일 뿐이다

초등 졸, 말단, 촌뜨기, 고라리의
그늘 속 어느 것 하나
내세울 것 없는 허수의 속 빈 강정
마저 탈탈 털어도
내놓을 것 없는 빈 쭉정이…

당신의 깊은 울타리 밖으로 멀리
던져버려 날려버리자
저 파도의 출렁거림에 묻힌 채
은은하게 떠밀리면
미움의 세월은 사라질 것이라

어울림의 미학

삶이란 간 짭짤한 소금이다
혼자서는 재미가 없지
어울려야 녹고 제맛이 나는 거잖아

넘치면 짜고, 모자라면 싱겁다
적당히 비겁하고 적당히 이기적이고
적당히 착하고 적당히 관대해야지
비움과 채움의 관계
그리고 너그러움이 곁드는 어울림
소소한 사랑도 타협점에 있다

자연은 경이로운 무침이다
방황과 좌절을 버물려 별미로 담은
엄마의 맛깔스런 밥상 말이다

노학 老鶴

예로부터 아름다운 퇴장을
준비하는 인생일수록 시간의 소중함을
정진으로 실천했다
틈나는 대로 산천경계도 유람하고
천박하지 않게 벗들과 어울려
검소하면서도 정답게 베풀기도 하면서
감사하는 마음으로 함께 걷다 보면
주변으로부터
존경받는 노년의 삶이 아닐까 했으나

건너야 할 피안도 없고
바랄 탐심도 진중한 꿈도 없는
그게 바로 학처럼 사는 노인이 아닌가
80인생을 기준으로 산술하면
일생 동안 기쁘고 즐거워서 웃는 시간은
총 480시간에 불과하다는 것이니
누구의 산술인지는 알 수 없으나
아니라고 부정할 근거도 없다
어느 누가 세월의 산술을 탓하랴

행복의 씨앗

열매를 얻는 순간은 아주 짜릿하다

행복은 꿈을 이룸으로써 얻는 것이 아니라
꿈을 키우는 데서 시작된다
노력하는 모든 시간
꿈을 꾸고 있는 모든 시간이 바로 행복

무엇이 되느냐가 중요한 것이 아니다

중요한 것은 내가 지금 행복해야 하는 것
행복은 내일이 있지 않다
오늘의 순간이 행복이다
우선 나의 나 됨을 받아들여야 한다

서로에게 행복이 듬뿍 열리길 소망한다

심오함

우리는 저 풍경 속으로 빠져들어
정녕 아름다운 추억으로
고이 간직한 채 살았으면 좋겠다

산들은 저들끼리 능선을 만들고
바다는 파도를 넘나들고
짐승도 희로애락을 겪으며 산다

자연도 사계를 넘나들며 지새우고
하늘도 구름 위로 걷는다
초록은 기운을 머금고 늘푸르다

자연이 아름다워 보이는 이유와
거대한 흐름을 연출하는 광활한
무대가 세월이 준 선물이지 싶구나

시밭의 길잠꾼

사랑할 시간이 많지 않다
오늘에 비질을 한다

지는 해를 바라보면서 여태껏
느껴보지 못한 고적한 시간을 그리며
자신을 돌아보고 세상을 바라보는 여유로
안태 고향 구석진 자리 지켜 살면서
꿈은 참 좋은 거야 누구나 꿀 수 있으니까
긍지와 고뇌 외로움으로 세월에 남기려니
조금 유치해도 빛과 물이 되어 지켜줄 한 줄
가치 있는 은유적 시어는 드물고 어렵다
시인은 끝끝내 실패하는 존재인 거다
세월이 무심하게 흐른다고 생각지 말자
자유로운 모습으로 무이산 부처님을 만나면
무념무상無念無想 무장무애無障無礙의
순후한 미소를 따라 짓는 거

시밭의 길잠꾼
더디게 영글다가 저물 거다

글쓴이의 말

뒤뚱거리며 농로 따라 한가롭게 황소마냥 뚜벅뚜벅 걸을 수 있어 좋다. 세월 따라 날아가는 기억의 양만큼 삶의 폭은 줄어드니 욕심내지 말고 맘 비우듯 가볍게 살아보니 이 길이 자연과 친숙해지는 길이라 또 좋다. 오늘도 묵묵히 그 고독의 시간 속으로 홀로 느릿느릿 살아간다.

나는 왜 이 무급의 시간이 이토록 좋은 걸까. 나이 먹음은 보너스 같은 여유로움으로 즐거움을 주어서일까. 인생에 서리가 내리는 시기에 부담 없이 해야 할 소소한 일들을 해작이면서 오늘 하루를 내 삶의 전부로 느끼며 살고 있기 때문이다.

살아보면 누구나 부딪히고 부서지며 틈이 벌어져 자리가 하나둘 생긴다. 이처럼 겨를이 있어야 멋있다. 너무 치밀하면 호흡이 가빠진다. 틈을 만들어야 채우고 받아들이고 그사이로 또 다른 생명이 자라게 된다. 좀은 느슨하게 살면서 그 틈을 만들어 주고 싶은 게다. 세상 누구의 간섭도 받지 않는 오직 그들만의 소통의 공간 말이다.

애타게 원하는 게 없어진 이 나이 덕분에 되어가는 대로 바라볼 수 있어 좋다.

그냥 지나치다가 사물을 천천히 살피게 해 준다. 틈틈이 보고 듣고 느끼면서 좋은 말 한마디 떠오르면 메모하고 중얼중얼 궁글려 다듬다가 흐르는 도랑물에 헐렁헐렁 씻어서 풀섶 바람결에 널어놓고 바라보면서 곰삭은 생각으로 덧칠해 스스로의 고백이며 성찰이라는 명분과 구실로 다듬어 본다.

단 한 사람의 찬 가슴도 제대로 데우지 못하면서 매캐한 연기만 무성히 내면서도 군불 한 줌의 온기를 불어넣는다는 마음을 불쏘시개 삼아 지핀 불이 따뜻한 구들목이 되길 바라며 벌레먹은 잎들처럼 나뭇가지 한쪽에 매달려 나풀대다가 지쳐 제풀에 떨어지는 낙엽이 되어 누구의 발길에 차이든 상관없이 삶의 순간을 단출하게 담으려 했지만 부끄럽게도 쉽게 읽히는 글로서 시적 채치와 공감이 약하다.

어느 외로운 촌로들의 술상 머리 너그러이 마음의 심심풀이 안주라도 된다면 더할 나위 없겠다.

그나마 꼬깃꼬깃한 여백의 시간 나를 무너지지 않게 지탱해 주는 지팡이로 삼아 시간을 잊은 것처럼 더디게 가겠지만 부족한 것을 채우듯 늘 그렇게 돌아앉아 한 생을 나직하고 조용한 모습으로 즐길 것이다.

멀리 떠나야만 자연을 만날 수 있는 것이 아니고 도회지로 나가야만 사람 사는 것 같은 행복이 주어지는 것이 아니듯 시골에 묻혀 흐르는 도랑물처럼 한결같이 그 속에서 잊은 듯 잊히듯 나이에 아랑곳없이 살아보려니 내 동굴은 늘 습하고 미끈거리는 이끼와 어둑한 점성粘性뿐이다.

이 소일거리마저 외면하면 사람이 누릴 복락으로 무엇이 남을 것인가.

글을 쓰다 보니 살아온 생활 속 사랑, 추억, 그리움 등 어울리지 않는 미사용어들을 불러 들먹이게 된다. 이는 그리움의 시작은 헤어짐이 아닌 만남에 있지 않을까 싶다. 너와 나 사이의 깊은 사연들이 그리움의 시초가 되기에 지우지 못한 추억의 한 토막 토막들이 가끔씩 스쳐가는 바람처럼 그리움이 되더라.

내 안에서 자라는 이 여린 푸성귀들이 기이한 자족으로 내 마음을 다리미질해 주니 그나마 나로선 이것이 은자隱者의 낙樂이라 귀히 여기고 살아간다.

조금은 어설프고 조금은 느리게 살아가는 삶 속에 숨겨져 있는 이 소소한 마음의 식단이 따습고 편안한 포용으로 감미롭고 부드러움을 주니 이 그리움의 조각들을 나만의 공간으로 누릴 수 있어 좋다. 그래서 언제나 농촌 생활은 연연戀戀하고 향기롭다.

나이 들어도 요즘 부쩍 시간이 모자란다. 이 짜투리 하루하루에 감사할 일이다.

"순간을 소중히 여기다 보면 긴 세월은 저절로 흘러간다." 마리아 에지워스의 말이다.

행복은 화려한 호텔에서 열리는 성대한 파티가 아니라 여름날의 시원한 낮잠 같은 것이리라.

늘 가까이서 지켜보며 충고와 위로를 아끼지 않는 참다운 지우지기知友知己와 문우님들의 그늘에서 따뜻한 사랑 함께할 수 있어 행복하다.

정중히 감사드린다.

경남시인선 245
저문 날의 그리움 한 잔
안한규 제2시집

펴낸날	2025년 8월 14일
지은이	안 한 규
펴낸이	오 하 룡
펴낸곳	도서출판 경남
주소	창원시 마산합포구 몽고정길 2-1
연락처	(055)245-8818, fax.(055)223-4343
블로그	gnbook.tistory.com
이메일	gnbook@empas.com
등록	제1985-100001호(1985. 5. 6.)
편집팀	오태민	심경애	구도희

ISBN 979-11-6746-192-6-03810

ⓒ안한규

＊잘못된 책은 바꿔 드립니다.
＊저자와 협의 인지 생략합니다.

〔값 15,000원〕